JN111013

コミュニティがつなぐ安全・安心

林　春男

コミュニティがつなぐ安全・安心（'20）

装丁・ブックデザイン：畑中　猛

s-42

まえがき　国難災害を乗り越える力をどう身につけるか

「人と人が助け合わなければ災害を乗り越えられない」。これが本科目の基本命題である。安全・安心の実現に資するコミュニティのあり方を総合的に検討していく。本科目は，2012〜17年度に国立研究開発法人科学技術振興機構（JST）社会技術研究開発センター（RISTEX）で実施された「コミュニティがつなぐ安全・安心な都市・地域の創造」研究開発領域の活動から生まれた。

本書は，「パート1：コミュニティレジリエンスを考える枠組み」，「パート2：災害レジリエンスの向上」，「パート3：これからのコミュニティレジリエンス」の3部で構成される。

パート1では，コミュニティがつなぐ安全・安心を考えるうえで核となる「コミュニティ」，「災害」，「レジリエンス」という3つの概念を紹介し，その背景に「社会の不可逆的変化」があることを指摘する。狩猟採集社会，農耕社会，工業社会，情報社会と社会は不可逆的な変化をたどってきた。その中ですべてを人力・畜力に頼ってきた社会は，工業社会によってエネルギーとモビリティの革命を経験し，情報社会において思考の革命を経験する。こうした新しい社会への適応の過程が，①新しい種類の災害を生み出していること，②コミュニティのあり方を変化させていること，③その結果，安全・安心のあり方も変化させていることを，明治維新以降のわが国の社会がたどった工業化，情報化に焦点をあてて解説する。

パート2では，現代はさまざまな脅威が存在するリスク社会であるという基本認識にたって，それらが生み出すさまざまな災害を乗り越える力を高めるために，レジリエンスの構成要素とされる「予測力」・「予防力」・「対応力」のありようを分析し，それらを向上させる際に考慮すべき点を考える。レジリエンスの向上の基本は「敵を知り，己を知れば，百戦危うからず」という孫子の兵法にある。予測の本質は敵である当該の脅威に関して，いつ，どこで，どのくらいの規模の災害がおきるか，を推定することである。重大な脅威に対しては，己を強くする予防策をとる。しかしどのような脅威に対しても有効な万能な予防策は存在しないので，費用対効果を考慮して予防方法を決めることになる。それでも防ぎきれない場合は，災害を乗り越えるべく，社会の構成員全員を動員した対応が必要となる。いのちを守る活動，社会のフローの復旧活動，社会のストックの再建活動，という発災から復興に至る全過程が初めて科学的に検討された阪神・淡路大震災を具体的事例として解説する。

パート3では，レジリエンスがさまざまなレベルで成立する概念であることに着目し，個人のレジリエンス，組織・地域社会レベルでのレジリエンス，そして災害対応にあたる専門的なコミュニティのレジリエンスについて分析する。そしてどのレベルにおけるレジリエンスを高めるうえでも，ステイクホルダーの主体的参画が不可決である。それを引き出すツールとして有効なワークショップ手法を紹介する。

最後に，これまでの議論を踏まえて，21世紀前半に発生が確実視されている次の国難災害にどう備えるかという未来の課題について考える。災害を予測し，予防し，それでも発生する被害を乗り越える力を私たち一人ひとりが身につけることの意義と可能性を展望する。

本科目を通して，災害に対するわが国のレジリエンスが少しでも向上すれば，執筆者一同にとって望外の幸せである。

2019（令和元）年10月

執筆者を代表して

防災科学技術研究所　林　春男

目　次

パート 1　コミュニティレジリエンスを考える枠組み

1　コミュニティがつなぐ安全・安心とは

林　春男

《本章の目標＆ポイント》　「パート１：コミュニティレジリエンスを考える枠組み」の１回目。科目全体の導入として，この回では科目のねらいと全体の構成を提示する。「人と人が助け合わなければ災害を乗り越えられない」。これが本科目の基本命題であり，安全・安心の実現に資するコミュニティのあり方を総合的に検討することが本科目の内容となる。第１回の本章では，この命題のもとに展開された社会技術研究開発センター「コミュニティがつなぐ安全・安心な都市・地域の創造」研究開発領域の活動内容の一部を紹介するとともに，コミュニティがつなぐ安全・安心を考えるうえで重要となる災害，コミュニティ，レジリエンスという３つの概念を紹介し，その背景に社会の不可逆的変化があることを指摘する。

《キーワード》　安全・安心，コミュニティ，災害，ハザード，社会の防災力，脆弱性・暴露量，被害抑止，被害軽減，レジリエンス，社会の不可逆的変化

1．災害を乗り越えるために考えるべきこと

（1）　本科目の目的

本科目では，「人と人が助け合わなければ災害を乗り越えることはできない」という命題を考える。命題とは，「論理学で，判断を言語で表したもので，真または偽という性質をもつもの」（デジタル大辞泉）のことである。つまり，「本当に災害を乗り越えるには人と人との助け合いが必要なのか」，「人と人とが助けあうとはどういうことか」，「そもそも災害を乗り越えるとはどういうことか」について，さまざまな面から考えてみたい。受講生および読者には，この命題の意味することを自ら

の現実世界に照らして理解してほしい。

また講義では，「事前の備えがなければ，助けることも，助けられることも簡単ではない」というメッセージを理解してもらうことも意図して章立てされている。助け合うことは大切だが，難しいといわれる。助け合いは，いつでも，どこでも，誰との間でも簡単に実現するわけではない。助け合いが実現するには前提条件が満たされている必要がある。最終的にすべての講義を受講された後に，助け合いが実現する条件を理解し，実践に結びつける力量をつけてほしいと願っている。

(2) 安全・安心について考える

「安全・安心」という形で「安全」と「安心」を結び付ける言い方は近年の日本に独特な表現法である。こうした表現が使われ始めた直接的なきっかけは1982年に発足した中曽根政権が「安全・安心・安定」を打ち出したことにある。その後1995年1月の阪神・淡路大震災，3月の地下鉄サリン事件の発生を受けて，「安全・安心」という言い方は増加し，1999年の自自公政権以降定着したといわれている。

「安全」は物理的・客観的に望ましい状況，「安心」は心理的に望ましい状態を表している。安全と安心はともに私たちが維持したいと思っている状態を示す言葉であり，どちらも結果として得られるものである。したがって安全・安心を考えるうえでは，直接安全・安心を議論するよりも，結果として安全・安心をもたらす社会の仕組みを解明することがより大切であるといえる。

人間の営みや社会のあり方はシステムとしてとらえることが一般的である。システムとは，関連し合う複数の要素で構成されるまとまりや仕組みを指し，持続的にゆらぎを解消しながら自己維持する動的平衡系を持つ存在である（河本英夫，1995）。この考え方によれば，安全・安心はさまざまな力のバランスの上に成り立つシステムの安定状態であると考えることができる。力のバランスが崩れることによって，「危険」や「不安」が生まれ，同時に「安全」「安心」を取り戻そうとする力が働くことになる。こうした動的平衡を維持しようとする過程こそが，本科目で着目するものである。

（3）　災害に対するコミュニティレジリエンスを考える

この章では，安全・安心をもたらす動的平衡系を理解するための3つのキーワードとして，災害（Disaster），コミュニティ（Community），レジリエンス（Resilience）という3つの言葉の意味を考える。なぜこの3つキーワードを用いるのかというと，「人と人が助け合わなければ災害を乗り越えることはできない」という命題について，「『コミュニティ』『レジリエンス』を『災害』時に発揮しなければ，災害を乗り越えることはできない」という言葉に置き換えることができるからである。すると，「災害」「コミュニティ」「レジリエンス」について学術的に理解することが，命題を理解するための近道になる。

2.「災害」を理解する6つの概念

（1）　「ハザード」と「社会の防災力」

最初のキーワードは「災害」である。地震や津波，火山噴火，風水害などさまざまな災害が発生することは報道などでも知っているが，一体，災害とは何だろうか。災害を考える時に，6つの概念で災害を理解することができる（図表1－1）。

災害による被害発生をできるだけ抑止し，万が一被害が発生した場合には効果的な災害対応を行って災害による影響を最小限にとどめ，速やかな復旧・復興を実現する。こうした防災の目的を実現するためには，被害を生みだす原因となる災害の発生メカニズムを知ることがまず必要である。防災学の分野では，災害は，図表1－1にしめすように「ハザード」と「社会の防災力」の相対関係の中で発生すると考えられている。災害による被害はハザードの力が社会の防災力を上回る場合に発生し，逆に社会の防災力がハザードの力を上回れば，無被害ですむのである。

「ハザード」という言葉は，耳慣れない言葉かもしれないが，私たちの身のまわりにあって脅威となりうる力の総称と考えるとわかりやすい。人間にとって脅威となりうるものは何でもハザードになりうる。たとえば，ゴルフコースにある池はゴルファーを苦しめることから，「ウォーターハザード」と呼ばれているし，自動車の運転で異変が起きたことを後続車に知らせるための信号灯は「ハザードランプ」と呼ばれている。最近では，バイオハザード（病原体など生物学的に有害なもの），モラルハザード（道徳や倫理観の欠如によって発生するもの）などといった，実にさまざまな「ハザード」が知られるようになった。ISO22320では，

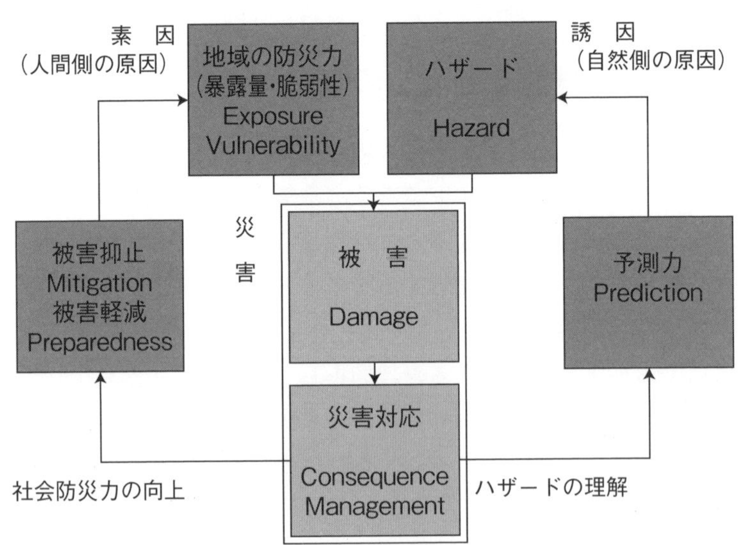

出典：林　春男『いのちを守る地震防災学』岩波書店，2003年，p. 3より作成

図表1－1　災害発生のメカニズム

ハザードを自然災害，過失による人為災害，意図的な人為災害の３種類に大別している。自然災害の分野では，地震，津波，台風，集中豪雨，火山噴火などの天変地異がハザードにあたる。

一方，「社会の防災力」は，私たち自身，あるいは社会自体が持っている災害対処能力のことである。私たちの社会には，どの地域にも，ある一定の「社会の防災力」が備わっている。地震を例に取り上げると，地震の揺れに対する建物の強さ，水害ならば堤防の高さ，火災ならば消防体制の整備具合など，有形無形のものが「社会の防災力」を構成している。つまり，私たちの安全・安心にかかわる社会の仕組みの総体を，「社会の防災力」と呼んでいる。英語圏では，これを「エクスポージャ（Exposure)」と「バルナラビリティ（vulnerability)」という２つの概念の組み合わせとしてとらえている。エクスポージャはハザードにさらされる人びとの規模を示す「暴露量」である。たとえば誰もいない所で地震が起きても災害とはならない。同じ規模の地震が多くの人びとが暮らす所で起きると，大きな被害がでる。このことは災害発生の前提として，暴露量があることを示している。バルナラビリティは社会を構成する建物や土木構造物などの人工物の「脆弱性（ぜいじゃくせい）」に代表される。ハザードに対して私たちの暮らす「社会全体が持つ脆弱性」を示す概念である。したがって，防災とは社会の脆弱性（暴露量×脆弱性）を減らすことと定義されてきた。

しかし，災害に対する社会の脆弱性を減らすこと（＝脆弱性減少）と災害に対処する社会の能力を向上（＝防災力向上）は必ずしも同義ではない。防災力向上は，脆弱性減少の逆数以上に，より積極的で創造的な試みである。そのため日本では従来から「社会の防災力」と呼ぶようにしている。

(2) 「災害」＝(「被害」と「災害対応」)

さて，以上のような「ハザード」と「社会の防災力」との関係に着目して，以下，自然災害を例に，「災害」を定義してみよう。たとえば地震のようなハザードに襲われる時，この地震をきっかけにして，私たちの社会の脆弱性が露呈する。建物が壊れたり，道路や橋などの構造物が壊れたり，人命が失われたりする。これが「被害」である。そして被害に対して，人命救助・救出を行ったり，家屋の修復を行ったり，ライフラインの復旧を行うなど，普段見られない活動がなされる。このような日常とは違う，さまざまな「災害対応」を行うことになる。つまり「災害」(この場合は地震災害（震災))とは，私たちの「社会の防災力」を上回る強い「ハザード（＝地震)」に襲われた結果として起こる現象の総称（「被害」＋「災害対応」）である。

よく「地震」(ハザード）と「震災（地震災害)」という言葉を混同して使用する人がいるので，注意してもらいたい。たとえば，1995年の阪神・淡路大震災とは災害の名称であり，それを引き起こしたハザードとしての地震は兵庫県南部地震と呼ばれている。2011年の東日本大震災とは災害の名称であり，それを引き起こしたハザードとしての地震は東北地方太平洋沖地震と呼ばれている。

災害が起こるかどうかは，「ハザード」の強さと「社会の防災力」との関係によって決まる。ハザードの強さだけで決まるのではない。この点をしっかり理解しておく必要がある。

(3) 2つの防災戦略

以上のように災害をとらえると，防災にはハザードに働きかける，社会の防災力に働きかける，という2つの戦略があることがわかる。ハザードへの働きかけで目指すのは，災害の源であるハザードの制御である。つまり，地震を起こさない，火山の噴火を抑える，台風を発生させないという戦略である。これはもっとも，確実かつ効果的な戦略である。ハザードの抑制は一部の感染症対策では実現しているが，自然災害については現代の科学では不可能である。

したがって，「地震は起きる」「火山は噴火する」「風水害は発生する」という前提の上で，ハザードのふるまいについて理解を深め，いつ発生するのか，どこを襲うのか，どの程度の大きさになるのか，それが発生した場合どのような被害になるのかを「予測」することが，私たちのいのちとくらしを守ることにつながる。

もう一つの防災戦略は，災害発生のもう一つの要因である社会の防災力を向上させることである。そのためには，「被害抑止」「被害軽減」という２つの戦術がある。被害抑止とは，被害を発生させないよう「予防力」を高めること，被害軽減とは，万が一被害が発生しても効果的な災害対応によって被害を最小限にとどめ，迅速な復旧・復興を可能にする災害に対する「対応力」を高めることである。

地震を例にとると，建物や道路や橋梁などの構造物の強度を上げたり，津波の堤防を作ったりすることは被害抑止につながるし，消防・救急の対応能力を上げたり，地域の防災訓練を頻繁に行ったり，被災者の生活再建を支援するための法律を作ったりすることは被害軽減につながる。

ハザードの予測と社会の防災力の向上という２つの防災戦略は孫子の兵法にあるように，「敵を知り，己を知れば百戦危うからず」という教えとも合致している。予測力によって「敵＝ハザード」の姿を予測し，その予測結果によって，予防力・対応力でもって「己＝社会の防災力」を向上させるのである。

(4) 「被害抑止」と「被害軽減」の関係

先ほど「社会の防災力」について，被害抑止と被害軽減の２つで構成されることを紹介したが，その関係を表すのが図表1－2である。横軸はハザードの強さを表し，縦軸は発生確率を示している。

この図の意味することを読み解いていくと，小さいハザードの発生確率は大きく，大きなハザードの発生確率が小さいことがわかる。つまり小さいハザードはよく起きるが，大きなハザードはまれにしか起きないということである。地震を例にとっても，マグニチュードが小さく，一般的には震度の小さな地震は，結構頻繁に発生するが，マグニチュードが大きく災害につながるような地震はそれほど多くは発生しない。雨を例にとっても，１時間に５mm，10mmの雨というのはしばしば経験するが，１時間に50mmや100mmという雨はめったには経験しない。

このようなハザードの特徴を踏まえると，防災の進め方も２通りあることが考えられる。頻繁に発生する小さなハザードについては，被害が発生しないように予防したい。そのため，予防力を中心に，特に構造物を使って被害を抑止する。わが国でも，安全に暮らすために構造物を強

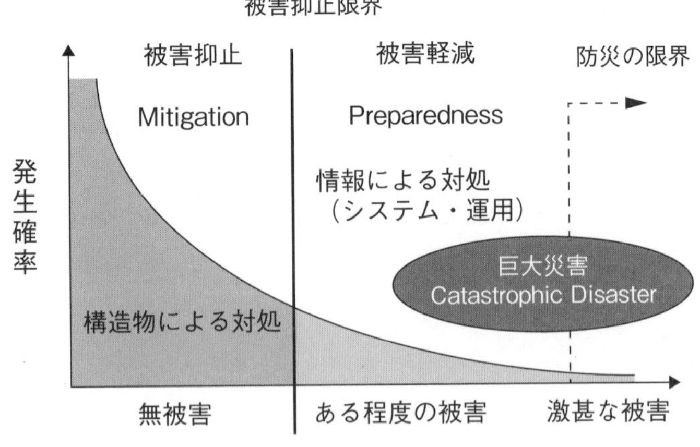

出典：林　春男『いのちを守る地震防災学』岩波書店，2003年，p.41より作成

図表1－2　被害抑止と被害軽減の関係

くするという「被害抑止」(Mitigation) という対策をとっている。特に，工学では「設計外力」という概念のもと，耐えられる上限のハザードの強さを想定して施設や構造物を造っている。技術的にはどのようなハザードにも耐えることが可能であっても，コストとの関係で設計外力をどこまでも大きくすることはできない。そのため構造物には被害を抑止できる限界（被害抑止限界）がどうしても存在する。具体的には堤防や建物などは，ある程度の強さのハザードまでしか耐えられない。

被害抑止限界を超えるハザードに襲われた場合には当然被害が出るために，発生した被害の拡大を食い止めて，速やかに復旧・復興する，いいかえれば災害を乗り越えていく力がここで発揮されなければならない。このような対策を，「被害軽減」(Preparedness) と呼んでいる。構造物で抑止できなかったものについては，情報による対処が重要であると考えられている。災害は時間経過とともに常に新しい状況を生みだすために，効果的な対応を考えるためには，つねに最新の状況を把握するための情報の収集，集約，可視化，共有が必要である。そのためには正確でわかりやすい情報を，それを必要とする人たちみんなで共有できるシステムを構築し，それを的確に運用する能力が求められる。

被害抑止と被害軽減の２つの対策を組み合わせることで，かなり大きなハザードでも，ある程度の被害は発生したとしても，できるだけ被害を極小化し，何とか乗り越えていけることができる。災害を乗り越えるための２種類の対策を総合したものは「レジリエンス」と呼ばれる。

しかし，「被害抑止」「被害軽減」の２つを組み合わせても限界があることは忘れてはいけない。とてつもない強度のハザードに襲われた場合には，人類が絶滅する危険性も当然存在する。今まで人類は絶滅の危機に５回瀕してきているといわれている。そのほとんどが隕石の落下であったり，火山の噴火であったり，とてつもない強さのハザードが生み出す気候変動に起因している。その発生確率はとてつもなく小さいが，やはり人類が種として生き長らえる確率を高めるためには，ハザードの予測力を向上させ，それに対する予防力と対応力の向上以外に途はない。

3. コミュニティレジリエンスについて考える

(1) コミュニティについて考える

次にコミュニティ（Community）について考えてみたい。「コミュニティ」という概念は，日本では1960年代から70年代の高度経済成長時代に，都市部で団地を中心として新しい住まい方がどんどん広がっていく時代背景を受けて，政策的に導入された概念なのである。それまでの農耕社会を中心とする日本の社会構造が工業社会へと変革していく中で，変りゆく地域社会の現実に対して人と人のつながりの重要さを指摘する一種の社会目標，理念化された概念として導入されたという背景を知っておく必要がある。

コミュニティは辞書的には「居住地域を同じくし，利害をともにする共同社会。町村・都市・地方など，生産・自治・風俗・習慣などで深い結びつきをもつ共同体。地域社会」（デジタル大辞泉）と地域的な存在として定義されている。しかし，災害時のコミュニティについて検討する国際赤十字連盟によれば，コミュニティは空間を共有する「地域型コミュニティ」の場合もあれば，空間を共有しない「テーマ型コミュニティ」も存在すると定義し，「居住地区を同じくする」ことをコミュニティの規定因していない。

国際赤十字連盟によればコミュニティは，文化，資源というポジティブなものの共有する存在として，そして，リスクや災害，政治経済問題など，どちらかといえばネガティブな苦境を共有する存在として定義されている。言い換えればコミュニティに属する人びとが何を共有するのか，つまり「コモンズ」の内容によってコミュニティの特徴が決定されると考えられている。コミュニティについては第3章で詳しくとりあげる。

受講生は，コミュニティという言葉にどのようなイメージをもつだろうか。何となく漠然と地域や集団のイメージがあったり，SNSが発達した現代においてコミュニティという言葉に古臭いイメージを持っていたり，自分は一人で生きていけるのでコミュニティ必要なのだろうかと思っていたり，人それぞれであると思われる。今の私たちの毎日の暮らしでは，コミュニティを意識することがあまりない。その背景には，都市化が進んで人と人の縁が薄まっていることがあり，その状態をとらえて「コミュニティが衰退している」とか，「都市にはコミュニティが存在しない」などという言い方もされている。

ところが，災害がひとたび起こると，被災地にたくさんのボランティアが救援にやって来たり，地域の人びとの助け合いが見られたりする。このような報道を新聞やテレビ，インターネットで見た人も少なくないだろう。このような日頃見られないような人びとの助け合いが起きるのは一体なぜなのだろうか。特に，見知らぬ人が組織だって被災地にやってきて，しかも無償で支援を申し出てくれるのは，被災者にとっては極めてありがたい存在である。それはどうやって実現するのか。さらに，支援された人たちの気持ちの中に，次に災害が起きたら自分たちも支援しようという気持ちが生まれる。実際に，別の災害が発生した時には，以前の災害で助けられた人が今度は支援する側に回っていて，ある意味で助け合いの輪が確実に広がっている。なぜそういうことが起きるのだろうか。この問いの答えは簡単には出てこない。また答えは1つだけでない。全体の講義を通して，自分なりの回答を考えてほしい。

(2) レジリエンスについて考える

レジリエンスとは,「弾力。復元力。また,病気などからの回復力。強靱さ。」(デジタル大辞泉) と定義される。近年は特に『困難な状況にもかかわらず,しなやかに適応して生き延びる力』という心理学的な意味で使われるケースが増えている。さらにレジリエンスの概念は,個人から企業や行政などの組織・システムにいたるまで,社会のあらゆるレベルにおいて備えておくべきリスク対応能力・危機管理能力としても注目されると解説されている。

心理学的なレジリエンスについては,アメリカの心理学者,マーティン・セリグマン (Martin E. P. Seligman) が主張するポジティブサイコロジーでは,人びとが人生で経験する苦境を乗り越えるとしてレジリエンスが説明される。人生の苦境の中には幼少期のつらい体験もあれば,私たちが日々経験する人生のごたごたもある。さらに各種の失敗や挫折,愛する人との別れなど人生の大きな転機になるような出来事も含まれる。災害はそうした人生の転機の一つととらえられる (Reivich & Shatte, 2003)。苦境に遭遇して苦しむ人が多いなかで,こうした苦境を上手に乗り越えて,充実した人生を送れる人がいる。ポジティブサイコロジーはそうした人びとの生き方に学び,苦境を乗り越える能力や技術を高めることができると主張している。

日本は世界で自然災害に対してもっとも高い防災力を有する国だと世界から言われている。しかし1995年の阪神淡路大震災や2011年の東日本大震災を始め,毎年のように甚大な被害が各地で発生している。そこには予想外のハザードや想定以上のハザードが絡んでおり,都市災害や超広域災害の場合に大きな災害が生まれている。わが国が持っている被害抑止力は不十分であり,わが国の特徴である構造物による高い予防力は十分とは言い切れない。

これだけ繰り返し大きな被害が出てくるということは，被害を抑止することは完全にはできないということをも示している。ということは，災害は起きてしまうという前提に立って，そこから立ち直るプロセスについてもっと理解を深め，その力を高めなければならない。なぜならば，21世紀前半にはこれまでとは比較にならない規模の巨大災害の発生が確実視されており，残された時間の中で予想される被害をゼロにすることは不可能だからである。

こうした予想される巨大な災害を乗り越えていくためには次のような３つの目標を達成していくことが必要となる。第１に，被害を少しでも減らす努力を続ける。第２に，重要な社会機能については高い事業継続能力を持たせる。そして第３に，社会全体としては発生する被害を乗り越えて速やかな復旧・復興を実現する。これら３つの目標を達成する力がレジリエンスである。これからの防災はレジリエンスの向上を目指していかなければならないのである。

そのためにはどのような知識や訓練が必要なのか，この問いの答えも簡単には出てこない。またこちらも答えは１つだけでない。全体の講義を通して，自分なりの回答を考えてほしい。

（3）　コミュニティレジリエンスについて考える

災害を乗り越えていくとき，その主体は人間活動である。当然個人のレジリエンスは必要となるが，個人の努力だけで災害を乗り越えていくことはできない。他の人との協力が必要となる。その形は多様である。いいかえれば多様なコミュニティの活動のあり方が，社会がどのように災害を乗り越えるかを決めるのである。防災の世界では，このことを自助，互助，公助，共助のあり方として理解してきた。したがって，災害に対するコミュニティレジリエンスを考えることは，災害における自助，互助，公助，共助のあり方を考えることに他ならないのである。

4. 本科目が目指すもの

(1)　本科目の構成

本科目は，3部構成で進めていく。第1章から5章までは「パート1：コミュニティレジリエンスを考える枠組み」，6章から10章までは「パート2：災害レジリエンスの向上」，11章から15章までは「パート3：これからのコミュニティレジリエンス」である。

「パート1：コミュニティレジリエンスを考える枠組み」では，本章でも述べたように，「人と人が助け合わなければ災害を乗り越えられない」という命題を考えるための概念や枠組みについて考えていく。これまでの社会の発展を概観したあと，コミュニティのあり方について考え，近年の工業社会の科学技術における CBRNe 災害について紹介し，最後にレジリエンスを個人，地域，国などさまざまなレベルで向上させるための考え方について述べていく。具体的には，以下のとおりである。

1．コミュニティがつなぐ安全・安心とは
2．社会の不可逆的変化をたどる
3．社会の変化に応じたコミュニティの変容
4．社会の不可逆的変化に応じた災害の多様化
5．レジリエンスの登場

「パート2：災害レジリエンスの向上」では，さまざまな脅威が存在するといわれる現代のリスク社会において，リスクとはそもそもどのようなものかを学んだあと，予測力，予防力，対応力の向上の実際について学んでいく。具体的には，以下のとおりである。

6．マルチリスクに立ち向かう
7．予測力の向上―理学コミュニティの防災観

8．予防力の向上—工学コミュニティの防災観
9．対応力の向上—応急対応
10. 対応力の向上—復旧・復興

「パート３：これからのコミュニティレジリエンス」では，これまでの学びをもとに，具体的に個人，地域・組織，災害対応におけるコミュニティのレジリエンスを高めるための実際について学び，レジリエンス手法を高めるための重要な手法であるワークショップ手法について学ぶ。また最後は全体のまとめとして災害が多発するとも言われるこれからの時代における私たちのあるべき姿を考える。

11. 個人のレジリエンスを高める
12. 地域・組織のレジリエンスを高める
13. 災害対応のコミュニティのレジリエンスを高める
14. ワークショップによる主体的参画
15. 国難に立ち向かう

（２） 本科目のきっかけ

本章の最後に本科目が生まれたきっかけについて述べたい。本科目は，国立研究開発法人科学技術振興機構（JST）の一組織である社会技術研究開発センター（RISTEX）のプロジェクト「コミュニティがつなぐ安全・安心な都市・地域の創造」の成果を多く使っている（図表１－３）。

2011年に発生した東日本大震災は，日本各地に甚大な被害をもたらしたが，同時に，地震・津波対策，危機管理，情報通信，物流，災害時医療など，広域・複合災害が持つさまざまな課題をも浮き彫りにした。RISTEXでは，こうした災害から得られた課題や教訓を科学的に検証し，今後予想される大規模災害に対して，私たちの社会をより強くしなやかなものにするための災害対策を実現していくことを目指して，2012

年度の新規研究開発領域として「コミュニティがつなぐ安全・安心な都市・地域の創造」を設定し，活動を開始した。

このプロジェクトでは，研究の柱として，①コミュニティの特性を踏まえた危機対応力向上に関する研究開発，②自助・共助・公助の再設計と効果的な連携のための研究開発，③安全・安心に関わる課題への対応のために個別技術・知識をつなぐしくみを構築する研究開発，④コミュニティをつなぐしくみの社会実装を促進するための研究開発（法規制や制度等の整理分析，新たな取り組みへの仕掛けづくり）などについて多くの研究がなされた。本科目の著者らは，これら研究開発の総括やマネジメントを行っていた。

プロジェクトは2018年３月で終了し，「レジリエンスモデル」や，その根幹となる「多様な主体の参画」に焦点を当て，地域密着型コミュニティの可能性と課題等を明らかにしてきた。また，社会技術の重要な構成要素の一つである合意形成過程でのコミュニケーション技術に焦点を当て，体感型のデモンストレーションを行ったりもした。

コミュニティの特性を踏まえた危機対応力向上に関する研究開発

- ▶ コミュニティの特性を生かした新たな防災拠点作り
- ▶ バーチャルなコミュニティと連携した危機対応能力の向上
- ▶ 全国ネットワークを活用した災害時における専門的支援の最適配置

自助・共助・公助の再設計と効果的な連携のための研究開発

- ▶ リスクリテラシー向上のための方法論構築
- ▶ リスクへの対応・対策のための合意形成手法の検討・実践
- ▶ 効果的な共助・公助のしくみづくり
- ▶ 広域連携のための新たなしくみの検討と体制づくり

安全・安心に関わる課題への対応のために個別技術・知識をつなぐしくみを構築する研究開発

- ▶ 地域における防災・救助・支援活動の体系化
- ▶ G空間情報処理（GPS＋GIS）を核とした地域情報の集約
- ▶ 災害経験の分析・記録・伝承のしくみづくり

コミュニティをつなぐしくみの社会実装を促進するための研究開発

- ▶ 法規制や制度等の整理分析，新たな取組への仕掛けづくり
- ▶ 身近な日常的技術の緊急時への転用検討

出典：https://www.jst.go.jp/ristex/cr/introduction/outline.html より作成

図表１－３　RISTEX 研究開発プロジェクトの目標

本科目では，これらの最新成果なども取り入れられており，本科目を受講することで，「コミュニティ」「レジリエンス」「災害」についての最新の考え方を学び，来るべき災害に対する受講生自身の防災力の向上はもちろん，受講生や一般読者の住む地域の防災力向上の一助となれば幸いである。

参考文献

●河本英夫『オートポイエーシス―第三世代システム』青土社，1995年

●International Federation of Red Cross and Red Crescent Societies（2014）IFRC Framework for Community Resilience, https://media.ifrc.org/ifrc/wp-content/uploads/sites/5/2018/03/IFRC-Framework-for-Community-Resilience-EN-LR.pdf

●ISO 22320:2018 Security and resilience -- Emergency management -- Guidelines for incident management, https://www.iso.org/standard/67851.html

●Karen Reivich, Andrew Shatte（2003）The Resilience Factor: 7Keys to Finding Your Inner Strength and Overcoming Life's Hurdles, Harmony.

●林　春男『いのちを守る地震防災学』岩波書店，2003年

2　社会の不可逆的変化をたどる

林　春男・天野　肇

《本章の目標＆ポイント》　「パート１：コミュニティレジリエンスを考える枠組み」の２回目。狩猟採集社会，農耕社会，工業社会，情報社会と社会は不可逆的な変化をたどってきた。その中ですべてを人力・畜力に頼ってきた社会は，工業社会によってエネルギーとモビリティの革命を経験し，情報社会において思考の革命を経験する。新しい社会への適応の過程が，①新しい災害を生み出していること，②コミュニティのあり方を変化させていること，③安全・安心のあり方を変化させていることについて解説する。講義では，明治維新以降のわが国がたどった工業化，情報化に焦点を当てる。
《キーワード》　社会の不可逆的変化，狩猟採集社会，農耕社会，工業社会，情報社会，Society5.0，グローバル化，モビリティ革命，エネルギー革命，情報革命

1. 社会の不可逆的な変化

(1)　Society5.0

不可逆的(ふかぎゃくてき)とは，「可逆的でないもの，すなわち，元に戻ることができない性質をもつものを指す表現」(実用日本語表現辞典）である。つまり，人間の社会は，可逆的ではないかたちで変化・発展を遂げてきた。そこで本章では「社会がどういう不可逆的な変化をたどってきたのか」ということを社会の歴史とともに追っていきたい。第１章では，コミュニティを変え，災害を変え，あるいはレジリエンスを必要とするようになった背景として，社会の不可逆的変化があると説明したが，どういう

不可逆的変化をたどったのかをみてみよう。内閣府の総合科学技術イノベーション会議が策定した第5期科学技術基本計画（2016年～20年）でSociety5.0という考え方が示されている（図表2－1）。

情報・ネットワークシステム上に構築された仮想社会であるサイバー空間と物理的に人や物が存在するフィジカル空間が高度に融合されて，地域，年齢，性別，言語等による格差がなく，多様で潜在的なニーズにもきめ細かく対応したモノやサービスが提供され，経済発展と社会課題の解決が両立して，人びとが快適で活力に満ちた質の高い生活を送ることができる人間中心の社会をつくろうという崇高な目的を掲げて，科学技術を進歩させようとしている。

人類の発展の歴史は，狩猟採集社会，農耕社会，工業社会，情報社会と4つの段階を経てきたと考えられている。その次の段階をSociety5.0，超スマート社会と名付けた。アルビン・トフラーは，1980年に書いた『第三の波』という本の中で，農業革命，産業革命，情報革命という3

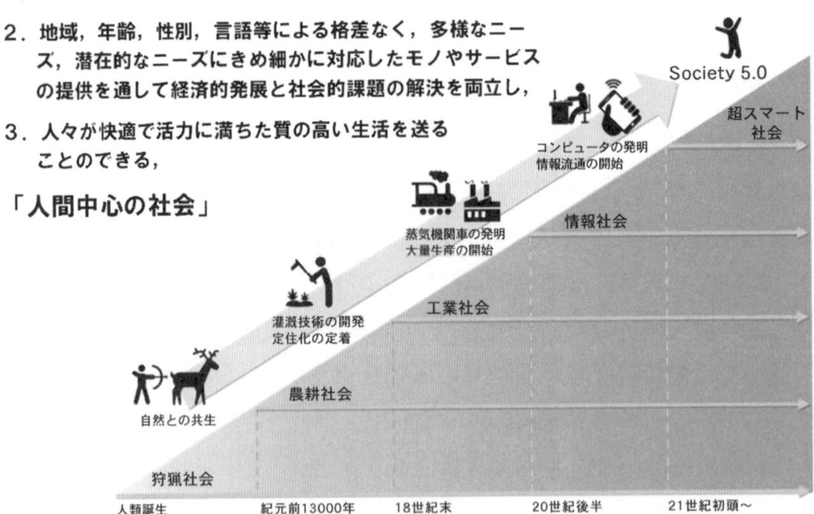

出典：「新たな経済社会の実現に向けて」日本経済団体連合会，2016年より作成

図表2－1 社会の不可逆的変化とSociety5.0

つの革命に焦点を当てて，社会の不可逆的変化を紹介した。この３つの革命を節目として人類が４つの発展段階をたどり，その次の段階がSociety5.0になるということにある。Society1.0は狩猟採集社会，2.0は定住した農耕社会，これらが長い間続いて，18世紀に産業革命を経て3.0の工業社会が生まれ，20世紀後半にはコンピュータの発明によって4.0の情報社会が生まれたというのが，ここまでの大きな歴史になる。そして，情報社会の先に人間中心の超スマート社会の実現を目指している。

（２）　社会の変化を人口の変化から考える

狩猟採集社会は非常に長い間続いた。人類（ヒト属）は200万年ぐらい前に出現したといわれているが，アルビン・トフラーは，紀元前

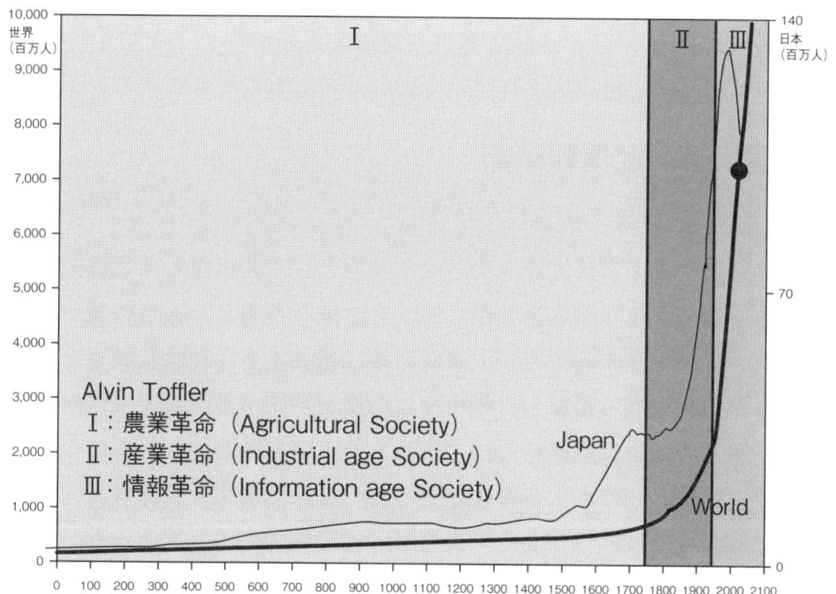

出典：Maddison Project Database 2013より作成
https://www.rug.nl/ggdc/historicaldevelopment/maddison/releases/maddison-project-database-2013

図表２－２　Angus Maddisonによる紀元後の世界とわが国の人口の推移

13,000年頃に狩猟採集から定住・農耕を開始した変化を農業革命と呼んでいる（18世紀にヨーロッパで起こった輪作と囲い込みによる農業生産性向上を指す「農業革命」とは異なる）。そして，18世紀から19世紀に起こった産業革命により工業社会へと進んだ。

横軸を西暦，縦軸を人口にとり，人口の変化を世界と日本と比較しながら見てみると，農耕社会では人口規模がきわめて安定していた（図表2－2）。安定した社会が非常に長い期間あって，産業革命を経て人口は急激に増加し始めた。言い換えると，社会に大きな変化が加わる転換点が産業革命だった。

情報革命の時代になると，20億人ぐらいだった人口が70億人を越え，3倍に増え，人口増がより加速する時代を経験している。そういう意味では，それまでのゆっくりとした安定社会の構造が加速度的に変化しているといえる。この変化は不可逆である。四大文明のように，最初は個別ばらばらに存在していた文明が，交流を重ねていくことで1つのグローバルな文明に組み込まれていく歴史と考えることもできる。

2. 産業革命と情報革命

（1） 産業革命

石炭を燃やして水蒸気を発生させ，動力として利用する蒸気機関などの技術革新により，繊維産業から始まり，鉄を利用した大型機械や化学製品を大量に生産する工業が大きな産業に発展する。社会基盤となる建造物の整備や鉄道・船舶・自動車などの輸送手段の獲得は産業ばかりでなく軍事力の増強にも直結し国力を高める上でも戦略的に重要になった。

人びとの暮らしにも大きな変化をもたらした。農業社会では，血縁・地縁に基づく地域社会が多くの人にとって人生のすべてであった。産業革命により，農業生産性の向上により余裕が生まれた労働力を急拡大する工業が吸収し，多くの人びとが都市部の工場周辺に居住するようになった。農業社会での自然とともに生きる暮らしは一変した。資本家と労働者という関係が生まれ，工場の稼働に合わせて全員が同じ時刻に出勤し，会社のルールに従って行動し，組織の指示命令系統に従って忠実に与えられた役割を果たすことが徹底的に求められるようになった。

このような，現在ではあたりまえの行動規範も産業革命によってもたらされた。また，血縁・地縁から離れて，工場という職場や会社が人びとのつながりの主要な場となったが，近隣の人びととのつながりは希薄化し，世帯や個人中心の生活が主流となった。現代に続く核家族化の始まりである。

設備投資をして製品を大量生産・販売し，得られた利益を再投資して規模を拡大する拡大再生産で競う経済活動の循環が生まれた。研究開発に力を入れ，市場調査に基づきいち早く製品化して市場を獲得する競争である。結果として，大企業が開発し販売することにより市場や流行を作り，消費者は与えられた選択肢の中から購入するという大量生産・大量消費の関係が生まれた。資本主義経済の下で，大きな組織が主導する社会の中に個人が埋没する構造が生まれたといえる。次に述べる情報革命では，この関係が大きく変化する。

（2）情報革命

1970年代から企業や研究機関でコンピュータが使われるようになったが，当初は大企業における管理業務の効率化や研究開発におけるデータ解析やシミュレーションが主な用途であった。1980年代になると，生産・流通・販売を一体的に管理する情報システムが導入された。１台受注したら，１台分の部品を作って組み立て工場に運び１台だけ生産して出荷する，自動車産業で開発されジャスト・イン・タイム方式が情報システム化され，あらゆる分野に普及した。さらに，多くの種類の製品を1つの工場で生産し市場の変動に柔軟に対応するシステムも導入され，多様性と生産性を両立することも進んだ。いずれにしても，産業的な応用が中心であった。

1990年代になると，軍事用に開発されたインターネット技術が民間転用され，学術研究での利用が先行して国際ネットワークが確立し，民間利用の普及が始まった。個人所有のパーソナル・コンピュータ（PC）と携帯電話やスマートフォンなど携帯端末の普及との相乗効果により，企業や行政機関での利用よりも，遥かに早く日常生活での利用が急激に進んだ。書籍を出発点にインターネットを通じた通信販売が拡大し，あらゆる商品の注文・決済・配送の手配がスマートフォンを通じて行えるようになった。さらに，個人間の取引や個人の特技を生かした製品やサービスを提供するビジネスが次々に生まれている。また，SNSなどを通じて個人の情報発信権が解放され，マスメディアだけでなく個人が発信する情報が世論を動かすようにまでなった。ホームページの情報でも，行政機関や大企業と個人の間に発信力の差はなくなった。

情報革命は，個人の生活から企業活動や行政施策にいたるまであらゆる分野に大きな変化をもたらした。とりわけ，個人が組織の中に埋没していた工業社会とは対照的に，個人が多様性を発揮し，意思をもって行動して社会を動かす大きな力を得るような発展を遂げたことが特徴的である。大企業が主導してきた資本主義経済の構造や社会の合意形成プロセスも大きく変貌してゆくと考えられる。

（3） グローバル化

産業革命と情報革命は，経済活動において世界全体が一体化することに大きな影響を与えてきた。日本の産業の歩みに沿ってグローバル化について述べる。

【加工貿易の時代】

資源のない日本は，原材料を輸入し製品を輸出する加工貿易によって，1960年代から1970年代に高度経済成長を遂げた。優秀な科学技術と勤勉な国民性が高品質・低価格の製品で世界の市場を獲得したといわれている。当初は欧米製品の模倣だったが，性能や品質において世界の信頼を獲得し「made in Japan」が高品質のブランドになった。

【現地生産化の時代】

1980年代には，自動車・家庭電化製品など日本製品が海外市場（特に米国）で大きなシェアを獲得し貿易摩擦に発展するようになった。そこで，日本企業は，現地生産工場の建設，雇用の創出，現地人経営者の採用などの現地化を推進した。現地化は研究開発，製品設計，人材育成などにも波及し，海外生産が国内生産を超えるようになった。

【企画・開発・生産をグローバル分業する時代】

企業のグローバル化は，事業活動を国内と海外で区別するのではなく，世界を地域ブロック化して自律性を高め，それらを統括する世界本社を置く構造へと進展した。材料・部品は，性能・品質・コストで優れた物を世界中から調達し，競合他社とも協業して最適化するようになった。研究開発においても，技術分野ごとに優秀な人材が集まる拠点を世界各地に配置するようになってきた。

このようにグローバル化が進展した結果，市場動向や国際情勢に即応して世界中に立地した拠点の活動を，動的かつ戦略的に変化させていく能力が国際競争力の鍵を握るようになった。どこから原材料を調達し，どこで部品を生産し，どこで最終製品に仕上げ，どの市場に投入するのか，刻々変化する情勢に即応する能力が問われる。動乱や大規模災害が発生すると，世界規模で機能の再配置を行い，事業継続を図るのである。

3. 社会の変化

農業革命，産業革命，情報革命が社会や個人の生活に大きな変化をもたらしたことを述べてきた。ここでは，その変化をいくつかの視点から考察する。

(1) ダンバー数

集落の規模に関してロビン・ダンバーという進化心理学者が提唱した「ダンバー数」というものがある。人間には個人を識別し，安定的な社会関係を維持できるとされる人数に上限があるという。農業社会では100人から250人規模の集落がほとんどで平均150人ぐらいだった。人類は狩猟採集時代の生き方を遺伝子として持っていて，その時代の人びとは大体150人の群れで暮らしていた。いわばコミュニティの原点である。

群れは3階層ぐらいに分かれていた。中核に5人ぐらいのグループがあり，そのグループを5つぐらいまとめたグループがあり，さらにそうしたグループが幾つか集まるという形で群れを構成していた。ある研究によれば，外敵から群れを守るために，常時誰かが見張りする体制を維持するには49人の大人が要るという。そこに子どもや年寄りが加わると，集落規模が150人ぐらいということの説明がつく。

ダンバーによると，狩猟採集時代の人間の主な行動は，摂食，移動，休息，社交の4つで構成されていた。毎日この4つの行動をとって，人類は長い時間を過ごしてきた。移動に大きな時間を取られていたのが狩猟採集時代であり，農業革命が人びとの暮らしを移動しないでよい定住生活に変えて，移動の負担は大幅に減った。

ダンバーは狩猟採集時代の4つの活動にそれぞれ何時間ぐらい必要なのかを計算し，時間収支仮説を提唱した。すると24時間ではとても足りず，130％ぐらい必要であることが明らかになった。摂食も移動も休息もないと生きていけないが，社交もないと群れを維持できない。群れを維持するために社交に時間を取らなければならない。そのときの社交は，猿がする「毛づくろい」のようなもので，ストレス解消が目的なのだそうである。社交をより効率的にするために，言葉が生まれ，宗教，芸能，音楽が生まれたという見方である。

摂食，移動，休息，社交という暮らしを構成する４つの行動という視点で産業革命，情報革命を見つめることもできる。工業社会，情報社会では，人の組織が大規模化し空間的広がりも世界規模に拡大した。暮らしの構成要素や時間の割き方も大きく変わり，地域社会のあり方も大きく変わってきた。

（２） 機械化，移動高速化，知能化

農業社会は，すべてを人の力か家畜の力に頼っていた時代だと特徴づけることができる。鉄器などの道具はあったが，それを動かすのは人の力，家畜の力というのが農耕時代の特徴である。それが産業革命を経て，エネルギーの革命，モビリティの革命を経験している。動力が大きく変わった。蒸気機関，電気，原子力が発明され，人が扱うエネルギーがどんどん大きくなっていった。そのエネルギーよって動く機械が次々に生まれた。大型の機械がエネルギーを動力に変え，今まで人の力ではとても及ばなかったような大型な作業を迅速に行うことができるようになった（図表２－３）。

また，蒸気機関を使って汽船が生まれ，鉄道が生まれ，自動車が生まれ，飛行機が生まれ，人間の移動能力を飛躍的に拡大したモビリティの革命が起きた。いろいろな機械を使って生産した製品を，いろいろなところに届けるという社会の仕組みが出来上がると，その仕事を担うため

に人びとを集めた都市がどんどん大きくなった。産業革命前には150人規模の群れで分散していた集落単位の構成が，たくさんの人間が高密度に暮らす都市へ移住するという変化が起こった。

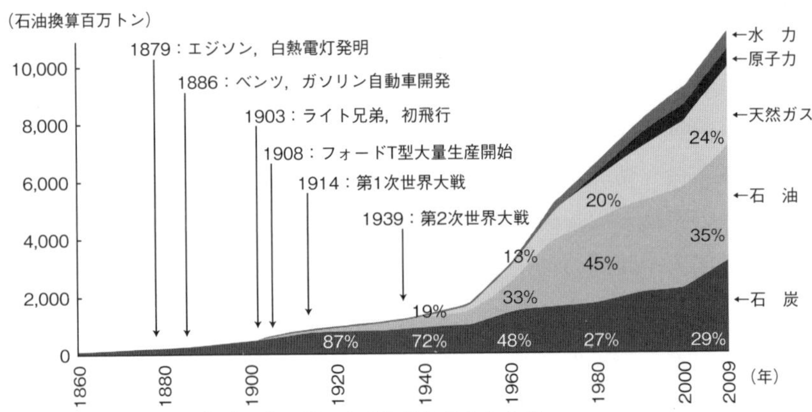

出典：資源エネルギー庁「エネルギー白書」2011年より作成

図表2－3　エネルギー革命・モビリティ革命

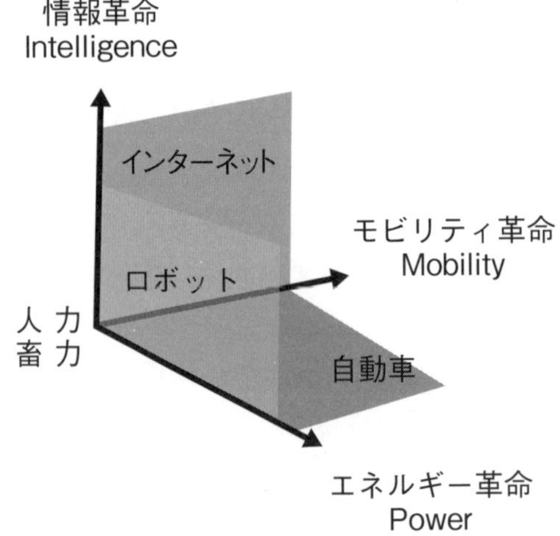

出典：筆者作成

図表2－4　産業革命・情報革命による農耕社会からの不可逆的変化を象徴する技術

その先に起こったのが情報革命である。20世紀後半に生まれたコンピューターは，機械化によるいわば手足のパワーアップだけでなく，脳の活動を代行し始めた。そして情報を中心にさらに新しい社会が生まれると考えられる。

人力と畜力の時代だった農業社会を出発点に，機械化すなわち，エネルギー革命（Power），モビリティ革命（Mobility）が起こり，続いて情報革命（Intelligence）が起こり，今まで150人程度で暮らしていた社会が，これまでにない大きな力を持ち，素早く移動し，かつ優れた知能を持つようになった。

こうした社会変化を３次元に描くと，大きな変化が浮かんでくる（図表２－４）。Power と Mobility の次元の象徴は20世紀を代表する自動車であり，人びとは移動の自由を手に入れた。Mobility と Intelligence の次元の象徴はインターネットである。物理的に移動しなくてもいろいろなものとつながれる世界が生まれた。そして Power と Intelligence の次元の象徴はロボットであり，人類と機械の新しい関係が今後，築かれていくかも知れない。

4. 歴史的背景

（１） 産業革命の背景

産業革命の出発点になるのは，イスラム勢力がヨーロッパから完全に追い出された1492年のレコンキスタだといわれている。キリスト教の考え方が世界に大きく広がるきっかけが1492年である。1492年は，コロンブスがアメリカに向けて船出した年でもあった。大航海時代が始まる象徴的な出来事である。交易市場を求めて人が海に出て，イギリスが台頭してスペインとポルトガルを凌駕するという変化を経ながら世界がひとつになっていった。その完成が1854年のペリーの浦賀来航である。それまで極めて独自の文化を持ち，「極東」の国としてあまり知られていなかった日本が開国したことで，初めて世界はひとつになった。

日本では16世紀から新田開発が進んで，人口が増えた。その後3,000万人に近い人口をずっと維持してきて，それが開国することによって新たな人口爆発がスタートする。そして，情報時代に入って人口減を経験し始めるという，社会の不可逆的変化を凝縮した特徴を持っている国でもある。日本が明治に入って以来この150年の近代化を通して，産業を取り入れ，情報社会に移行していった過程を社会の不可逆的変化の観点からとらえることが重要である。

(2) レコンキスタ（国土回復運動）

「トレドの泉」で有名な，スペインのトレドは小山になっており砦のような街である。イスラムの最後の拠点のひとつがトレドだった。トレドが落ちたのが1492年で，そのときに3つのことが起こっている。一つめは，イスラムの人たちがトレドの街から駆逐された。二つめは，コロンブスがスペインの女王イザベラの許可を持って，日本に向けて船出した。そして三番目は，ユダヤ人のゲットーが取り払われた。ユダヤ人はヨーロピアンではない。しかし，イスラム勢力に対する緩衝材の役割をある程度果たしていたため，トレドではユダヤ人がゲットーで居住することは認められていた。しかし，当面の敵であるイスラムがいなくなった瞬間に，もうゲットーも要らないとして取り払われた。このような大きな社会変化が一瞬にして起こることは社会の安定が動的平衡系における力のバランスであることを如実に示している。

（３）　大航海時代

レコンキスタ後すぐにコロンブスがアメリカに向けて船出して大航海時代に入ったのは，ビザンティン帝国があったからである。西ヨーロッパからはイスラム勢力を駆逐したけれども，その本拠地であるビザンティン帝国はトルコの辺りで東西の交通を押さえていた。当時の世界はヨーロッパが西の端であり，いろいろな新しい富はシルクロードから東にあった。東に向かおうとしても途中にビザンティンがあって進めないので，コロンブスは西回り航路を作ろうとしたのである。ジパングに行くはずだったがアメリカ大陸にぶつかってしまってたどりつけなかった。その結果，スペインとポルトガルがアメリカ大陸を攻めて金銀を略奪していった。しかし，次々と金銀を持ち帰ったけれども，激しいインフレを招いただけで結局は豊かになれなかった。貿易や収奪しているだけの限界である。

そこでオランダやイギリスは，商取引で利益を生む構造を作った。アフリカからアメリカへ労働力（奴隷）を連れていき，アメリカの綿などの原産品をイギリスへ持ってきて紡績で布にし，それをアフリカで売る三角貿易を行って大きな富を生んだ。次にマゼランなどがアフリカを回り込んで太平洋に入ってやって来た。これで世界一周航路ができあがり，ひとつの世界が生まれることになった。

それに最後まで抵抗していた島国が日本だったのである。その間にアメリカ合衆国もできた。そのアメリカからペリーが1853年に艦隊を連れてやって来て日本も開国し世界の一員となった。その後の日本は明治維新以降の150年間で，産業革命，情報革命，がきわめて凝縮した形で進行することになった。

引用文献

●Alvin Toffler, The Third Wave, Ban tam Books, 1980

参考文献

●ロビン・ダンバー『友達の数は何人？―ダンバー数とつながりの進化心理学』インターシフト，2011年（Robin Dunbar（2010）“How Many Friends Does One Person Need?: Dunbar's Number and Other Evolutionary Quirks”, Harvard University Press）

3　社会の変化に応じたコミュニティの変容

林　春男・天野　肇

《本章の目標＆ポイント》　「パート１：コミュニティレジリエンスを考える枠組み」の３回目。社会の不可逆的変化によって生じたコミュニティの変容について考える。まずコミュニティ概念の構成要素（地域性，機能性，絆性）をおさえる。ついでR.ウォーレン（Warren）の５つの機能を共時的機能と継時的機能にわけて考える。すべての機能を地域の知り合いだけで処理する時代から，時空を超えて，機能分化したコミュニティのあり方を，自助・互助・公助・共助・クラウドの観点で整理する。本章ではコモンズを共有する人びとの集まりをコミュニティと定義し，コモンズの変化によってコミュニティの変容を説明する。

《キーワード》　ダンバー数，コミュニティの５つの機能，コミュニティの共時的機能，維持的機能，自助，互助，公助，共助，クラウド，コモンズ

1．コミュニティがどう変化したか

（1）　日本の社会変化を受けて政策的に導入された「コミュニティ」という概念

日本においては「コミュニティ」という概念は，1960年代から70年代の高度成長時代に，団地を中心として新しい住まい方がどんどん広がっていく時代背景を受けて，それでも人と人のつながりが重要であるということで，政策的に導入された概念なのである。

明治以降も日本の社会構造は農耕社会を中心とする従来のコミュニティの在り方が主導的であり，長い間基本的には変わっていなかった。そこに次第に都市に移った第２次産業，３次産業従事者を中心とした社

会が新しく生まれ，活性化していったといえる。しかし1950年以降，本当の意味で日本が工業社会へ移行する中で，急速な１次産業従事者の減少が起こった。それに対応するように第２次産業従事者と３次産業従事者が増えている。

1950年度以降におきた工業社会への変革を受けて60年代に始まった高度成長時代に「コミュニティ」という言葉が政策的に導入されている。都市部の人口が増加し，団地を中心として新しい住まい方がどんどん広がっていく時代背景を受けて，それでも人と人のつながりが重要であるということで，変わりゆく地域社会の現実に対する一種の社会目標，理念化された概念として導入された。そうした政策の推進者のひとりであった倉沢進氏は放送大学で「コミュニティ論」を論じている。

日本が農耕社会から工業社会へと社会が変化する際に，「コミュニティ」という概念が政策的に導入されたことを踏まえると，コミュニティについて２つの問いが生まれる。第１は，社会が変化しても「人と人のつながり」は必要であるとされているように，社会が変化しても変わらないコミュニティの本質は何か。第２は，社会の不可逆的変化によって，コミュニティがどのように変化していったのか。

以下，この２つの問いについて，検討していく。

(2) 社会が変化しても変わらないコミュニティの本質

社会が変化しても変わらないコミュニティの本質について，石井光太(2011) が世界中を旅して私たちに教えてくれている。石井が，世界のさまざまな都市に暮らす貧しい人たちのコミュニティに直接出向いて調べたルポルタージュに非常に面白い記述がある。

石井によれば，コミュニティは基本的に仕事を中心に成り立っている。都市に暮らしているので仕事はもちろん農耕ではない。産業化され，情報化された社会の中で現金収入を得て生きていくための仕事を中心にしてコミュニティが成り立っている。たとえば，3つぐらいの家族がそれぞれ違う仕事に就きながら互いに支え合っている。仕事が違うことによって個々の家族の収入に増減があっても，他の家族が稼ぐことで相互扶助している。そうした季節的な「群れ」をつくることで，「外敵」から自分たちのくらしを守るという機能を果たしていると考えられるのである。

コミュニティが持つ基本的な機能として，ウォーレン（Warren, 1978）はつぎの5つの機能を提唱している（図表3－1）。すなわち，仕事，教育，安全，敬老，互助である。仕事と安全と互助の3機能は石井の観察にあるように，今を生きるためにきわめて重要な要素となる。加えてウォーレンは，コミュニティにはコミュニティの中の年老いた人たちをケアする「敬老」と，若い人たちを育てる「教育」という2つの機能を持つととらえている。以上，ウォーレンと石井の考察から，コミュニ

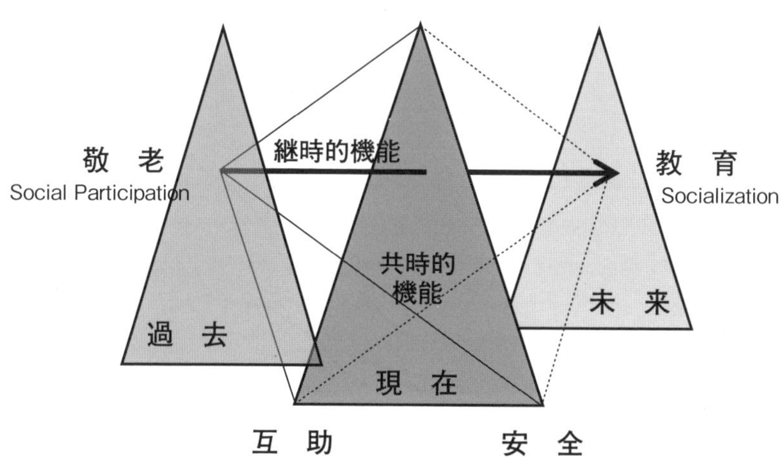

出典：Warren, R（1975）., A COMMUNITY MODEL, in K. Kramer and H. Specht（eds.）, Readings in community organization practice. 2nd. Ed. Englwood Cliffs, N.J.: Prentice-Hall. Warren（1978）より作成

図表3－1　Warrenによるコミュニティの5機能

ティは食べるための仕事を核として，今を生きるための助け合いを可能にする共時的な機能と，時代を超え形成されて生き残っていくための努力，すなわち継時的な機能の双方を担っている。

コミュニティが時代とともに変化してきたのは，仕事の仕方が変わってきているからである。かつての農業を中心とした仕事のあり方から，企業に就職し給与労働者として働くように変わってきている。そして，仕事内容も工場でものを作ることから，多様な情報処理を中心とするものに変わってきている。

(3) 日本における明治時代以降のコミュニティの変容

明治以降の日本の第1次産業，第2次産業，第3次産業の就業者比率の変化を見ると（図表3-2），第二次世界大戦までの1次産業人口（農業人口）はずっと安定しており約3,000万人である。江戸末期の人口はほぼ全員が1次産業に従事していたことになる。1940～50年には，1次産業従事者が4,000万人まで増加している。第二次世界大戦の終戦を経て一時期多くの人びとが帰農しているように見える。これは，食糧難の

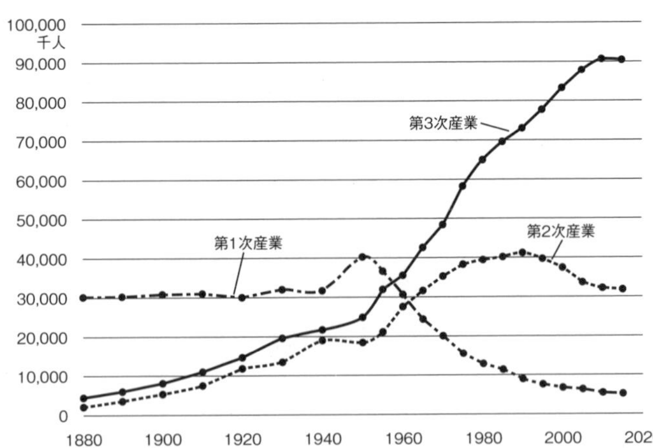

出典：1880～1910年は大川一司編『日本経済の成長率』岩波書店，1956年，1920年以降は各回の国勢調査より作成。産業計が100.0%

図表3-2 明治期以降の産業別就業人口の推移

中で食べるために農業に戻ったのだと考えられる。この時期に農業人口のピークが来ている。

明治期の日本では富国強兵の政策が推し進められ，人口も増した。長男が農地を一括相続するため，結果として次男以降は家を離れて軍人になるか，２次産業か３次産業従事者に移っていった。それが２次産業，３次産業人口の安定的な増加につながったといえる。当時の日本の社会構造は農耕社会を中心とする従来のコミュニティのあり方が主導的であり，長い間基本的には変わっていなかった。そこに都市に移った第２次産業，３次産業従事者を中心とした社会が新しく生まれ，次第に活性化していった。

1950年を境にして，急速な１次産業従事者の減少が起こった。本当の意味で日本が工業社会へ移行するなかで，それに対応するように２次産業に従事する人の割合が急増した。２次産業従事者だけが増えたわけではなくて，３次産業従事者も同時に増えているのが特徴である。そして，1990年ごろをピークに２次産業従事者も減り始めていく。３次産業の従事者はその後も減少することなく増加を続けている。

このように産業別就業者の割合の推移をみると，わが国は1950年までの日本，1990年までの日本，そしてそれ以降の日本の３つに区分して考えることができる。1950年までの日本は基本的に農業社会であり，古い形の相互扶助で形成されたコミュニティを中心にしていた。1950年を境にして工業社会を担う都市型コミュニティに発展していき，さらに1990年以降はインターネットを介したサイバー空間を舞台に，サービスを主体とする情報社会へと変化してきている。

2. 災害を乗り越えるなかでコミュニティが果たす役割

(1) コミュニティは環境・社会・文化のバランスの上に成立する

人びとが災害を乗り越えていくときにコミュニティが果たす役割を考える際に重要な要素として，環境と社会と文化の3要素がある（図表3－3）。コミュニティはこの3つの要素のバランスの上に成立しているという特徴がある。

災害は環境の急激で大きな破壊的な変化であり，それによって環境・社会・文化のバランスが崩れる。崩れたバランスを取り戻すプロセスとして災害からの立ち直り過程をとらえることができる（図表3－3）。環境は，生態系，地形地質，気象・地象のような自然環境と建築物や土木構造物などの人工物の2種類で構成される。災害により人工物が破壊されることで両者の関係性が壊れる。多くの人が個人の生活基盤を支える仕事の都合で居住地を決めている現実を踏まえて，ここでは社会の構成要素として仕事とすまいのあり方に着目する。

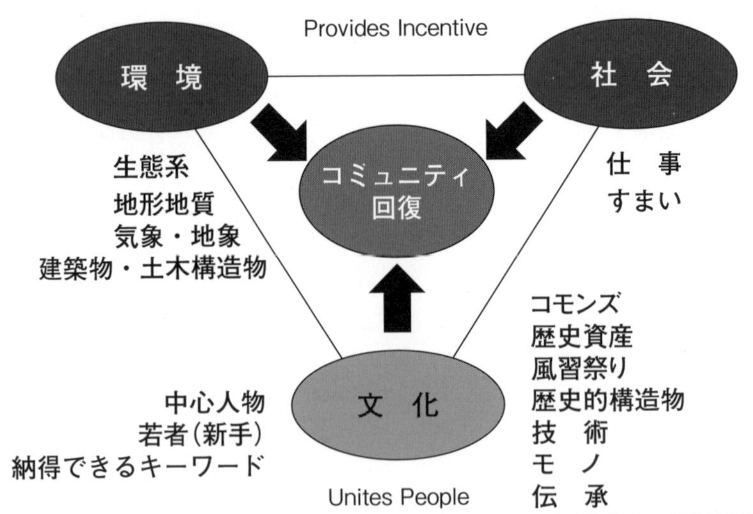

出典：「コミュニティがつなぐ安全・安心な都市・地域の創造」活動報告書，科学技術振興機構，2018年より作成

図表3－3　コミュニティの構成要素

環境と社会はどちらも，人びとを引き寄せる力を持っている。美しく快適な環境を人は求め，満足できる仕事がある社会を求め，その結果コミュニティも形成される。だから，災害が起きて環境が破壊され，仕事がなくなると，そこから人は去っていき，結果としてコミュニティが崩壊する。

一方，文化は人びとが共有している価値であり，それが人びとをコミュニティに引き止める働きを持つ。その意味では，コミュニティの本質は，コミュニティに所属する人びとが共有しているもの，「コモンズ（commons）」は何かに着目して考えるのが有効である。

地域の人びとが共有している有形のもの，あるいは無形の価値であり，かつ，誰のものでもないものがコモンズである。私有でもなく，かといって国や地方などの公が所有するわけでもない。コモンズは幅広い概念であり，たとえば動植物であったり，人びとであったり，生活文化であったり，都市の構築物であったり，知的遺産であったり，インターネットもコモンズである。静けさすらもコモンズの一例と考えられる。コミュニティが変化するということは，人びとが共有するコモンズそのものの変化として考えられる。

（2）　日本におけるコモンズ研究

日本におけるコモンズの研究は，農耕社会の中で入会地の管理に関するものが代表的である。最近のコミュニティには新たな動きがある。たとえば，神奈川県川崎市では，市街地内に新しい公園を造り，それを今までになかったコモンズとしてみんなで共有することを核にして，コミュニティを再生する試みが進められる。一方で，SNSのようなインターネットを介し時空を超えたテーマ型コミュニティもできている。

そうしてみると，原住民の社会や地域社会を核にしてもともとあったコミュニティが，協同組合やNPOなどの新しい形の組織に変わっていたことを人びとが集まる根拠となるコモンズの変化としてとらえたり，生活文化や知的遺産のような私たちが文化と呼んでいるものも人びとの間で共有されているコモンズとして扱えることを考えると，人びとは何をコモンズにするかの過程を考えることが，コミュニティのあり方を考える上で大きなポイントとなる。文化という概念よりもコモンズを分析する方がはるかに操作的でわかりやすい概念である。

図表3－4 コモンズの例

<table>
<tr><td>グローバルコモンズ global commons</td><td colspan="2">空気（Air），電波（The Airwaves），オゾン層（Ozone Layer），夜空の星（The Night Sky），風力（Wind Power），水（Water），大洋（The Oceans），極地の氷原（Polar Ice Caps），表土（Topsoil），南極大陸（Antarctica）</td></tr>
<tr><td rowspan="7">ローカルコモンズ Local Commons</td><td>動植物</td><td>生物多様性（Biodiversity），野生生物（Wildlife），生薬（Herbal Medicines），種子（Seeds），ミツバチ（Bees）</td></tr>
<tr><td>人　々</td><td>原住民の社会（Indigenous Societies），地域組織（Neighborhood Groups），共同組合（Cooperatives），非営利組織（Non-Profit Organizations）</td></tr>
<tr><td>生活文化</td><td>社会風習（Social Customs & Local Traditions），手芸（Crafts），民話（Folk Tales），郷土料理</td></tr>
<tr><td>都　市</td><td>国立公園（National and Public Parks），コミュニティ庭園（Community Gardens），歩道（Sidewalks），図書館（Libraries），大量輸送機関（Mass Transit），消防（Fire Departments），公衆衛生（Public Health and Sanitation），血液銀行（Blood Banks），社会保障制度（Social Security），米国国立衛生研究所（The US Natl Institute of Health）</td></tr>
<tr><td>知的遺産</td><td>数学（Mathematics），言語（Languages），歴史（History），シェークスピア（Shakespeare），Spiritual Beliefs（？），公的研究（Government-Funded Research），科学知識（Scientific Knowledge），遺伝学（Genetics），若者文化（Youth Trends），芸術的な伝統（Artistic Traditions），ジャズ（Jazz），ヒップホップ（Hip Hop），野球とサッカー（Baseball & Soccer）</td></tr>
<tr><td>インターネット</td><td>インターネット（The Internet），オープンソースプログラミング（Open Source Programming），ブログ圏（The Blogosphere），ウィキペディア（Wikipedia）</td></tr>
<tr><td>静けさ</td><td>静けさ（Quiet）</td></tr>
</table>

出典：https://localcircles.org/2011/03/26/session-5-examples-of-the-commons/ より作成

もうひとつコモンズで注目すべき点は，社会のグローバル化の進展によって，これまでのローカルコモンズ（local commons）に加えて，グローバルコモンズ（global commons）という考え方が生まれたことである（図表３－４）。ローカルコモンズが，特定の一部の人たちが共有しているものであるのに対して，人類全体が共有するのがグローバルコモンズである。それは空気であったり，オゾン層であったり，風や水など環境汚染に関わってくるもの，あるいは南極大陸など極地の氷も含まれる。社会がグローバルな広がりをもって複雑化していることによって，今までコモンズだと認識されなかったものが改めてコモンズとして認識され，それを大切にしていかなければならない時代になってきている。言い換えると，コミュニティが多様化してきたことは，私たちがコモンズと考えてきたもの自体が多様化した結果ととらえることができる。

（３）　なぜコミュニティが衰退したと考えられるのか

それでは，なぜコミュニティが衰退したと考えられるのであろうか。ダンバーの摂食・移動・休息・社交という時間収支仮説を思い出しても

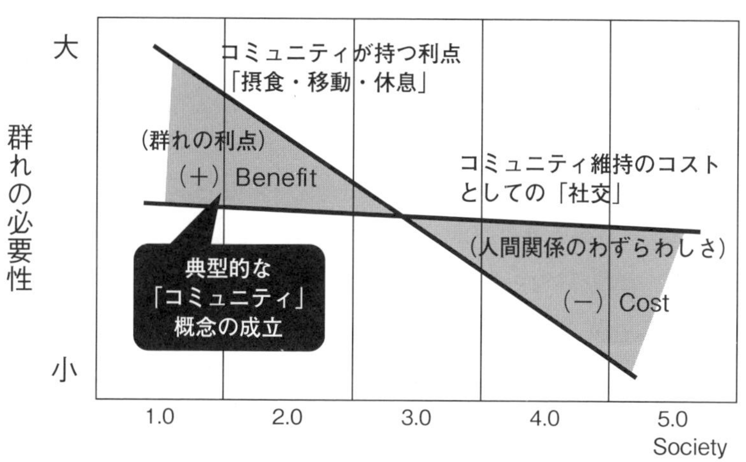

出典：Dunbar（2010年）「時間収支仮説」より作成

図表３－５　社会の不可逆的変化によるコミュニティが持つ価値の低下

らうと，Society が変わるにつれて，群れで暮らすメリットがだんだん減ってきている（図表3－5）。摂食・移動・休息の3行動は，狩猟採集社会では安全を保つ意味でも，群れとして行動していた。農耕社会に入って移動の必要性は減った。さらに工業社会では都市へ人が集まるようになり，さまざまな物やサービスが購入することにより手に入るようになってきた。こうした社会の不可逆的変化は群れとして行動するメリットを低下させ，コミュニティの衰退につながっている。

一方，ダンバーの時間収支仮説のもう一つの要素である社交は社会が変化しても依然として維持していく必要がある。しかし，そこには一定のコストがかかる。人間関係は煩わしいものでもある。農耕社会では，群れの利点と人間関係の煩わしさを天秤にかけると群れをとるしかなかったが，1950年以降のわが国では，むしろ人間関係の煩わしさが目につくようになり，コミュニティの衰退が問題になってきたのである。

災害時に顕在化する助け合いの基本はウォーレンが指摘するコミュニティの共時的機能の「互助」である。安全は毎日守らねばならないし，仕事も毎日しなければならない。石井の例では，3つの家族がそれぞれ異なる種類の仕事に就きながら，お互いにいざというときに備えるのは互助の典型例である。農村社会でも，いざというときに備えて炊き出しがあったり，労働奉仕があったり，餞別や冠婚葬祭の贈り物など，儀礼化された助け合いの仕方が整っていた。いざというときに互助が果たしてきた役割が減少し，逆にそうした互助儀礼を煩わしいと感ずる人が増加していることも示唆される。しかし，依然として災害時にはボランティア活動に見られるように，見も知らない人からの支援があり，被災地は助け合いに溢れている。この現実をどのように説明すればいいのだろうか。

3. コミュニティの変化のとらえ方

（１）　災害におけるコミュニティの変化

図表３－６は社会の不可逆的変化に伴うコミュニティの変化を考える枠組みを示す。狩猟採集社会や農耕社会のコミュニティというのは結局，数百人で何事も担わなければならず，相互扶助を基本に自助や互助で処理してきた。工業社会に入って中央集権化が進むと，コミュニティの対応能力を超えるような大きなインパクトが発生すると，行政が関与する公助が提供されるようになった。その典型的な事例が，2005年に福岡県西方沖地震で大きな被害を受けた玄界島である。お互いの自助・互助と福岡県を中心とした公助で復興が実現する格好になった。

企業の力，ボランティアの力といった，共助という新しい概念が着目されたのが1995年の阪神・淡路大震災である。2011年の東日本大震災では，インターネットの普及に伴なって共助の力が一層力強くなった。時空の制約を持たないインターネットを通じて，遠隔地からの安否確認支援や通販の仕組みを使った支援物資の提供，そして，国際協力にまで支援の輪が広がった。このように，社会の不可逆的な変化は，災害時の支援の担い手の多様化を促している。その結果，従来のように単一のコミュニティですべてを処理するのではなく，多様な種類のコミュニティの力を組み合わせて対応することが可能となり，同時に多様な行動原理が交差することになる。

（２）　自助・互助・公助・共助のあり方

図表３－６の右端の欄を見てほしい。そこにはさまざまなコミュニティでの活動を支える行動原理がまとめられている。農耕社会までのコミュニティを支えてきた自助・互助の行動原理は，長い期間にわたる知

り合い同士の関係を基盤とするため，互酬性の原則が適用される。お互い様，助け助けられる関係である。それが長期的には帳尻が合うようになる義理と人情の世界である。

工業社会になって登場するのが公助と企業活動である。公助の担い手は行政機関なので，その原則は公平・公正である。したがって，行政には個人に対してできることもあれば，できないこともあることになる。それに対して企業活動は，もともと利益の最大化を目指して，効率という概念に基づいて活動している。コミュニティへの関与についても，目的に対してもっとも効果的に活動することを考えている。

共助は1995年の阪神・淡路大震災の際に顕在化したボランティア活動によって注目されるようになった言葉である。このとき被災者は見も知らない人から助けられる体験をした。支援者側も，それまで見ず知らずの人であっても，同じ志を持っていれば協働することが可能であることを示した。その後2011年の東日本大震災ではインターネットが作るクラウドの世界が顕在化した。個人が基本単位であり，それぞれが人間とし

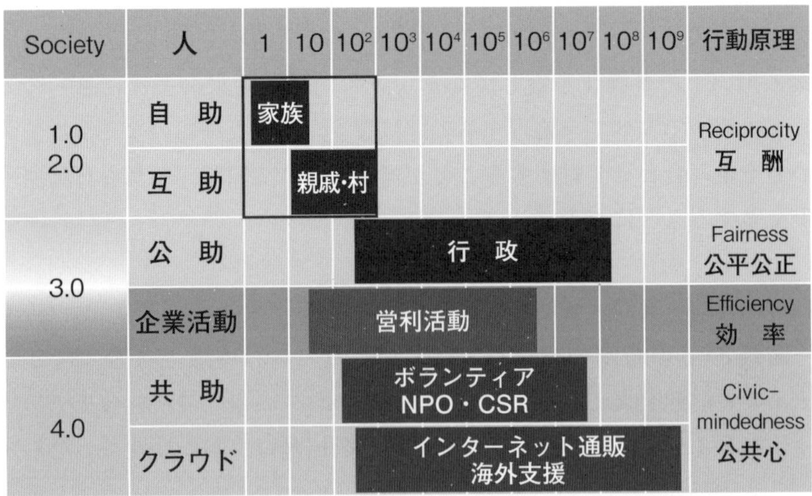

出典：「コミュニティがつなぐ安全・安心な都市・地域の創造」活動報告書，2018年より作成

図表3-6　社会の不可逆的変化に伴うコミュニティの多様化

て自分で何とかしなければという心意気にかられてとった行動がインターネットを介して相互作用を生み，結果として集合的に大きな人道支援になっているものである。災害支援において共助やクラウドが成立する背景には，人びとの公共心があるといえる。

このように，異なる行動原理に基づきさまざまな主体が災害対応に参画するようになってきた。それも社会の不可逆的な変化による災害時のコミュニティも多様化してきたととらえることができる。

（３）　多機能単一集団型コミュニティから単機能型の組み合わせへ

図表３－７は福岡県西方沖地震で甚大な被害を受け復興をなしとげた玄界島での人と人のつながりをまとめたものである。玄界島は一本釣りや延縄漁を中心にした漁船漁業を中心とした島であり，2010（平成22）

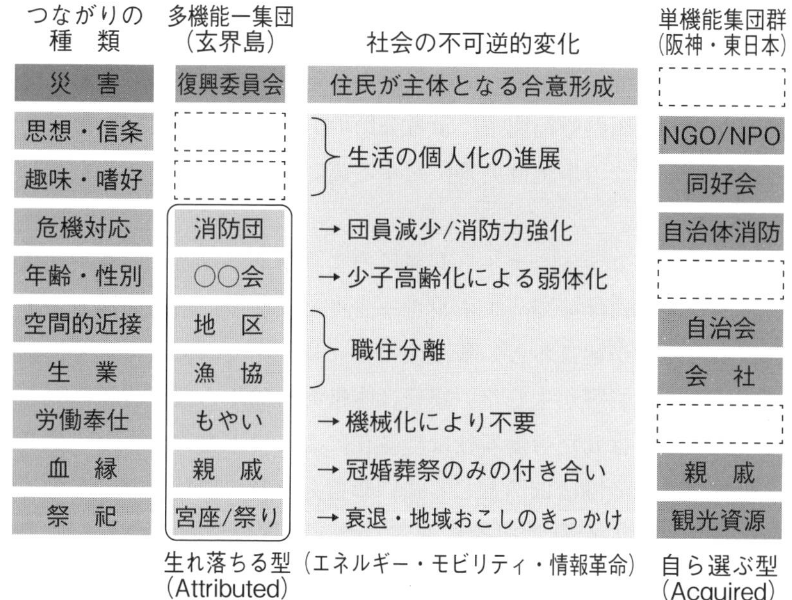

出典：「災害マネジメントに活かす島しょのコミュニティレジリエンスの知の創造」研究開発実施終了報告書，図５より作成

図表３－７　多機能単一コミュニティから単機能の組み合わせ型への変化

年の国勢調査によれば島の人口は527人，206世帯となっている。物理的に隔絶しすべてを島民だけで処理する産業革命以前のコミュニティの姿を色濃く留めるこの島では，人はいろいろな目的のためにつながりをもっている。祭礼であったり，血縁であったり，労働奉仕であったり，生業であったり，空間的な近接であったり，年齢や性別でグループ化された活動であったり，危機対応であったりする。それらの目的に即した組織が宮座，親戚，「もやい」，「漁協」，地区，老人会，青年会・婦人会，あるいは消防団という異なる名称を持って存在している。ところが，つながりの場は異なっても，そこに参加しているのはどれも同じ人たちである。同じ人が，目的に応じて機能を分けている。すなわち，玄界島のコミュニティは生まれてから死ぬまで，一人の人がいろいろな機能を果たす形のコミュニティの原型であり，多機能単一集団型のコミュニティと呼ぶことができる。

そのため災害のような突発的な苦境に接しても，復興に向けた組織化も迅速になされている。そして島民が主体となって短期間に合意形成が可能となり，福岡県や福岡市による公助の力を上手に活用した復興をなしとげている。この事例は災害に対する高い「レジリエンス」を示している。

かつてはどのコミュニティも玄界島のようであったとしても，社会の不可逆的な変化に伴って，エネルギー，モビリティ，情報の面で大きな社会構造の変化が起こると，多くのコミュニティでコミュニティ活動のあり方に大きな影響が生じた。祭礼は本来の目的から観光資源に変わり，「もやい」と呼ばれた労働奉仕は機械化によって不要になった。生業を担う組織である漁協は依然として強い影響力を持つ団体だが，その運営形態は株中間から会社型組織に変容した。地区は，自治会としてまだ残っているが，その機能は回覧板を回す，ゴミ出しするといった限定的なものになっている。年齢・性別による会は，少子高齢化で弱体化して有名無実化している。消防団も，機械化された自治体消防が主力となってた今日，その役割は一般的に縮小している。そんななかで，親戚は依然として比較的密接で，つながりとして血縁が一番強いことと思わせるが，冠婚葬祭だけの付き合いというところも多い。

一方で，近年は同好会的な集まりや，主義主張をともにするNGO・NPO的な集まりへの参加が，地域の制約を離れて活発化している。その特徴はそれぞれの目的ごとに人びとが集まって単機能のグループを作り，個々人は自分の興味関心に従ってグループを形成する傾向が強くなっている。

社会の不可逆的な変化によってコミュニティのあり方が，どこかの地域コミュニティに生れ落ちるという従来型ではなく，さまざまな可能性の中からどのコミュニティに属するかを自分で選ぶ自己選択型に変わってきていると考えられる。属するコミュニティの数もみずからのニーズに応じて，さまざまな選択がなされている。このような単機能自己選択型のコミュニティの変化が顕在化したのが1995年の阪神・淡路大震災でのボランティアによる支援活動であり，2011年の東日本大震災でのインターネットの普及による多様なバーチャルコミュニティが効果的に機能した事例なのである。ただし，そこには支援者の視点が顕著であり，被害者となった場合に，こうした単機能自己選択型のコミュニティがうまく機能するかは今後注意深く見守る必要がある。

参考文献

- ●石井光太『ルポ餓死現場で生きる』ちくま新書，2011年
- ●Ronald L. Warren, "The Community in America, 3rd Ed.", University Press of America, 1978
- ●戦略的創造研究推進事業（社会技術研究開発）研究開発実施終了報告書「コミュニティがつなぐ安全・安心な都市・地域の創造」研究開発領域「災害マネジメントに活かす島しょのコミュニティレジリエンスの知の創造」研究開発期間平成26年10月～平成29年9月（https://www.jst.go.jp/ristex/pdf/anzenanshin/JST_1115080_14532781_okamura_ER.pdf）

4 社会の不可逆的変化に応じた災害の多様化

林　春男・天野　肇

《本章の目標＆ポイント》　「パート１：コミュニティレジリエンスを考える枠組み」の４回目。社会の不可逆的変化は新しい災害を生み出してきた。狩猟採集社会での脅威は飢餓，飢餓を乗り越えるための定住化は自然災害との戦いを生み，工業社会の科学技術はCBRNE災害を，そして情報社会はサイバー攻撃を生み出した。しかも，どの災害も解決できておらず，災害の多様化が起きている。災害によって脅かされるものも，いのち，くらし，しごと，と多様化している。

《キーワード》　飢餓，自然災害，CBRNE，サイバー攻撃，リーマンショック，いのち，くらし，しごと

1．災害の多様化

第２章で述べた社会の不可逆的変化は，新しい災害を生み出した歴史でもある。狩猟採集時代の災害は飢餓であった（図表４−１）。狩猟，採集，漁労による不安定な食糧確保は，おなかいっぱい食べられない人びとに飢餓との闘いを続けさせた。飢餓を克服するために農耕が始まり，定住をし，余剰を蓄えるかたちで新しい農耕社会が生まれた。しかし，定住した結果，当該地域あるいはその環境が持つ自然の脅威にさらされることになった。特に気候の変化による風水害に対して，どうやって安定した収穫を得ていくかという新しい課題に直面するようになった。そのため，当時の人たちは天気については非常に詳しい。田植えの時期を知らせる雪形であったり，風の様子であったり，観天望気によって自然

の変化を捉えて将来の危険を予測してきた。農業集落が拡大・連携を重ねて国という体制が生まれ，国の長（おさ）の仕事として治山治水は重要な役割となった。

工業社会になると，エネルギー革命，モビリティ革命を通して，自然災害との闘いを比較的有利に進められるようになった。しかし，その圧倒的な工業力は，それまで存在していなかった新たな恐ろしい脅威を量産することも可能にした。それが現実となったのが第一次世界大戦だった。毒ガスや細菌兵器が使われた。第二次世界大戦のときには核兵器が加わった。核兵器，生物兵器，化学兵器を総称してNBC（nuclear・biological・chemical）兵器と呼ぶ。科学力が生み出した新たなハザードがもたらす災害を総称して現在は，CBRNE災害（chemical/化学・biological/生物・radiological/放射性物質・nuclear/核・explosive/爆発物）と呼んでいる。

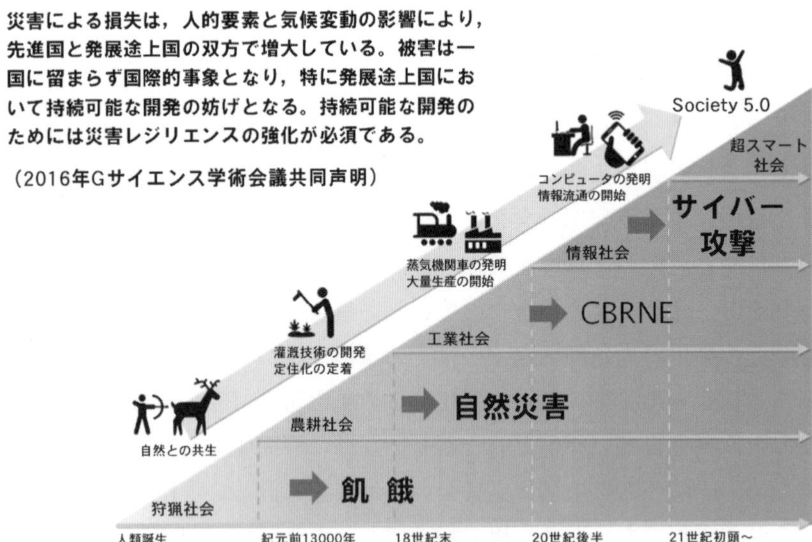

出典：「新たな経済社会の実現に向けて」日本経済団体連合会，2016年より作成

図表4－1　社会の不可逆的変化による災害の多様化：どれも解決できない

2. 工業社会が生み出したCBRNE災害

CBRNEは，もともとテロリズムの脅威に対して使われ始めた言葉である。各国は大量破壊兵器を使わないことで合意しているが，それらをテロリストが利用する新しい脅威が生まれている。現在では，CBRNEはテロリズムだけでなく事故や災害による事案を含めた広い概念として使われている。

日本は，CBRNEのすべての種類の事案を経験したことがある世界で唯一の国なのである。ある研究によると，日本では1930年から2010年までの80年間にCBRNEの事案が全部で500件ほどあり，そのうち360件がテロ・犯罪事案である。種類別に見ると，230件が爆発物，100件ほどが化学剤，そして40件ほどが生物剤を使用している。これらは工業社会になって新たに生まれたハザードがもたらした災害の多様化の一つの例であり，災害に対するレジリエンスを高めるためには自然災害の知恵に加えて，CBRNEについての知識が必要となる。

(1) chemical　化学剤

工業化により急激な発展を遂げたわが国の高度成長期に，工場が排出する汚染物質による健康被害が深刻化した。代表的な公害病として，有機水銀による水俣病，大気汚染による内臓疾患，六価クロムによる皮膚炎や腫瘍などがある。食品にヒ素やダイオキシンが混入し健康被害をもたらしたこともある。また，化学特性や物理特性が優れていることから工業的に大量に使用され，後から健康被害や環境汚染につながることが明らかになったPCB（電気絶縁材），フロン（冷媒），アスベスト（断熱材）などがある。

これらの化学物質の中には，積極的に使用され始めた時点では健康被害や環境破壊との因果関係が解明されておらず，問題が顕在化してから調査・分析が行われ，対策や収拾策が後手に回ったものも少なくない。上記の事例についてはすでに対策がとられているが，技術革新が進み，新材料が次々に生み出されている現在，過去の教訓を生かしていかなければならない。たとえば，新たな素材として多くの用途で飛躍的な性能向上が期待されるカーボンナノチューブ（炭素の筒状の微細構造）も，飛散した微細な粉塵に発癌性があることが指摘されている。

また，有害物質が流出する事故も起こっている。本来厳重に管理されている化学物質が工場火災や交通事故のために流出したり，船舶の事故により重油などの燃料油が海上に流出したりして漁業被害や環境汚染を引き起こしている。

有害物質が犯罪行為に使われることもある。毒物のヒ素を食品に混入する事件や化学兵器に使われるサリンを合成してテロ攻撃を行う事件などが日本国内で起きている。

(2) biological 生物剤

人類にとって感染症は生命に関わる大きな脅威である。農業革命により定住化が進んだことにより，集団生活する人びとの間に感染が広がるようになったといわれている。歴史上では，ペスト，コレラ，スペイン風邪などが大流行し（パンデミック），数千万人が死亡した。とくにイタリアの散文芸術の出発点とされるボッカチオの「デカメロン」を生んだ14世紀にヨーロッパで大流行したペストは，当時の大規模な軍事行動に伴う大量の人の移動が原因であるといわれている。

最近では，グローバル化により多くの人が世界中を頻繁に行き来するようになり，短期間に世界規模で感染が拡大する危険性が増加している。たとえば，2014年に西アフリカで発生したエボラ出血熱のパンデミックでは，人口密度の高い大都市への感染拡大を防ぐために，航空路線や道路などの交通網を大規模に遮断し感染地域全体を隔離した。感染拡大が確認されてから安定するまでの約１年間で約2万9,000人が感染し約1万1,000人が死亡した。その他，新型インフルエンザやデング熱など，世界規模での感染拡大につながるいくつもの事例が発生している。

感染症対策としての検疫や，抗生物質やワクチンの開発技術が発達してきた。しかし，細菌やウィルスが遺伝子構造を変えるなどして効果が薄れてしまう問題に直面している。一方，遺伝子分析による感染経路の追跡が可能になり，国外からの感染の最初の１人を特定することさえできるようになった。また，遺伝子の解析により将来感染が広がる可能性のあるウィルスの遺伝子型を予測する研究も成果をあげてきている。こうした医学の面からの対策，交通遮断などの行動規制，個人の感染拡大を防ぐための知識普及と実践など総合的な対策が感染症対策として必要である。

また，感染症の原因となる細菌やウィルスが生物兵器として，あるいは，テロの手段として使われる懸念がある。2001年にアメリカで発生した同時多発テロに続いて炭疽菌が郵便物として送付され５名の死者が出る事案も発生している。

（３） radiological　放射性物質

放射性物質は自然界にも存在しており日常生活品にも使われている。しかし，純度を高め連鎖反応を起こして大きなエネルギーを取り出す原子力発電では，核分裂反応を抑制する機能が正常な管理状態から外れると炉心溶融により大量の放射性物質が放出され深刻な被曝の危険がある。

これまでに炉心溶融に至った深刻な事故が，1979年に米国のスリーマイル島原子力発電所で，1986年にロシアのチェルノブイリ原子力発電所で，2011年に日本の福島第一原子力発電所で発生した。

原子炉は発電所ばかりでなく，大型の潜水艦や空母などの軍用船舶や人工衛星でも使用されており，それらの事故や使用済み燃料の保管時に放射性物質が放出される危険もある。さらに放射性物質を炸薬などの爆発によって放射能の汚染を周囲に拡散するダーティボム（Dirty bomb）とよばれる爆弾は，軽量でしかも，作成に高い技術力を必要としないため新たな脅威と恐れられている。

(4) nuclear 核

第二次世界大戦中に核兵器が開発され，広島と長崎に原子爆弾として投下され，数十万人が犠牲になった。いったん核兵器が使われると，直接の被害に加えて広範囲に及ぶ生態系に長期間にわたる影響が残る。その後，軍事大国では核兵器の開発が進められ核保有国が拡大した。その間，頻繁に行われた核実験によって大気中に放出された核物質が実験従事者や近隣を航行していた船舶の乗組員に深刻な健康被害をもたらした。

核兵器の製造方法は重要な軍事機密だが，必要となる高度な精密加工・制御などの技術が容易かつ安価に入手可能になったことから，なんらかの方法で製造方法に関する情報を入手し，核兵器を保有する国が拡大している。同様に，テロリストが核兵器を製造する懸念も広がっている。

(5) explosive 爆発物

CBRNE災害において，もっとも頻繁に利用されるのは通常の爆発物である。そこには入手のしやすさ，価格の安さが背景にある。爆発物との関わりはノーベルによるダイナマイトの発明から始まっている。自然災害との闘いは自然と共生する治山治水だけではなく，強大な力によって，自然を改変するところまで踏み出してきた。それを可能にしたのがダイナマイトの発明である。

ダイナマイトの必要性はノーベルの出身地スウェーデンに行くとよくわかる。スウェーデンは日本では考えられないような硬い岩盤の上にある国なのである。その岩盤を切り開くためには，つるはしなどでは歯が立たず，ダイナマイトが必要になる。そのため，ダイナマイトはスウェーデンや同様の地盤の上にあるノルウェーでもよく売れ，最終的にはノーベル財団が設立された。しかし，大きな爆発力を手にしたことにより，不適切な管理による事故，犯罪やテロなど悪意にもとづく使用，そして戦争などの大きな危険と同居することになった。

3. 情報社会が直面する新たな脅威

(1)　サイバー攻撃

情報ネットワークにより世界中のシステムが繋がったことによって，社会・経済活動の効率を高め，個人の社会参画の機会を拡大し，日常生活の利便性が向上するとともに多様性を生かした生活ができるようになった。一方で，情報ネットワークを通じてシステムに侵入して，データを盗んだり改ざんしたり，あるいは，システム全体を機能不全に陥れたりするサイバー攻撃が生まれた。個人の生活，企業活動，行政，安全保障などあらゆる活動が情報システムに深く依存しているため，悪質な攻撃により深刻な影響がもたらされる。

(2)　リーマン・ショック

2008年にアメリカの投資銀行リーマン・ブラザーズ社が経営破綻したことがきっかけになって資産価格が暴落し，世界の金融危機につながった。リーマン・ショックと呼ばれるこの事案は，サイバー時代あるいはグローバルな時代のビジネスを襲う世界規模の災害であり，今後拡大が懸念される新しいタイプの脅威を暗示するものであった（図表4－2）。この事案は直接的に生命の脅威を感じるような現象ではなく，環境破壊による物理的な影響があるわけでもない。しかし，住宅バブルがはじけたことによりサブプライムローンに大量の不良債権が発生したため，多くの人の仕事や住まいが失われ，それによって生活が困窮するような影響が世界規模で起こった。

金融恐慌という点では1929年に起こった大恐慌と似てはいるが，コンピュータで経済指標をモニターし，一定の条件を満たすときわめて短時間に膨大な取引を行うシステムを機関投資家が導入しているため，1つ

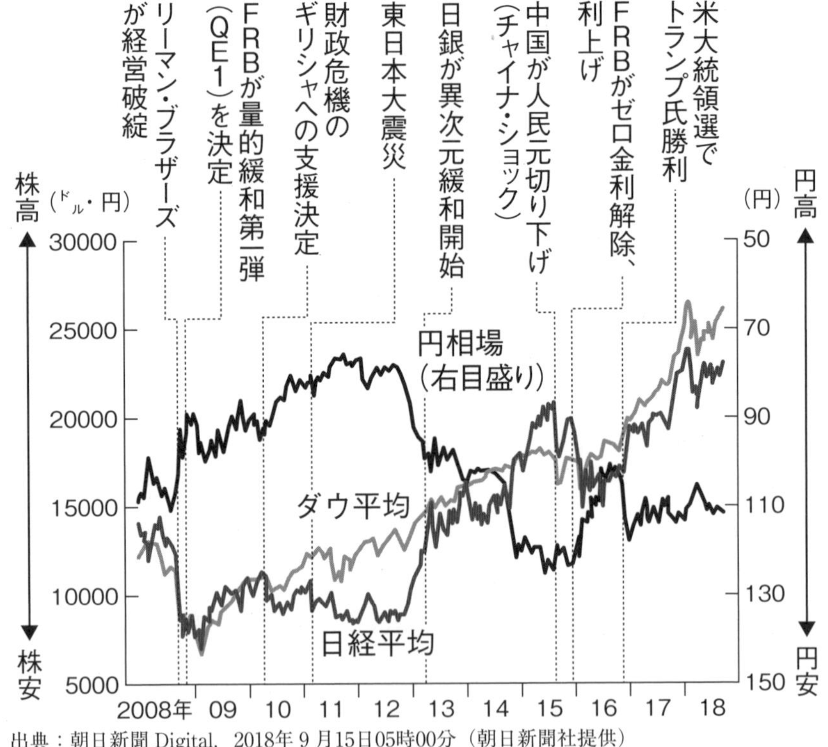

出典：朝日新聞 Digital，2018年9月15日05時00分（朝日新聞社提供）

図表4－2　リーマン・ショック後の市場と出来事

のきっかけが短期間に全世界を揺るがす大事件にまで増幅されてしまった。その意味で，情報化社会の脆弱性を象徴する出来事となった。

4．どのようなハザードにも対応できる包括的な危機管理

この前項でみたように，新しい社会の出現とともに災害も多様化している。残念ながら人類は飢餓や自然災害など従来からある脅威についてもどれ一つとして解決していない。今でも世界人口の１/９にあたる８億位人以上が飢餓に苦しみ，自然災害による犠牲者は1967年から2016年の最近50年間でも280万人にのぼっている。そこにCBRNE災害が加わり，サイバー攻撃が加わっていることを理解しなければならない。

（1）　時間・空間の関数で現象をわける

どの災害をとっても，多くの事象が時間的・空間的に複雑に絡み合って発生している。それを整理する際に火山災害を例に取ると，わかりやすい。火山災害は13種類の災害現象，ハザードによって引き起こされるといわれている。しかし，それらを時間と空間の関数として分類整理することができる（図表４－３）。時間でいえば，噴火から数分のオーダーのものと，数時間のオーダーのもの，あるいはそれ以降のものに分けられる。距離も火口から２km以内，２～４km，４～15km，それ以上と分けられる。それぞれの範囲では，発生する被害も種類を異にしている。

火口から２km以内では，人命が大きな危険にさらされ，文字どおり生命の危機に直面する。噴石に当たったり，火砕流に呑み込まれたり，融雪型の火山泥流や溶岩流に襲われる。その影響範囲を考えると，距離が離れるとともに危険もだんだん減っていき，４kmぐらい離れれば命の危険はほぼなくなる。幸いなことにわが国では，この範囲には住んでいる人はほとんどいないため，命を守る対策は入山者対策が中心となる。

2014年の御嶽山噴火では，ハザードとしてはさほど大規模とはいえない水蒸気爆発でも，秋の行楽シーズンと重なったため，63名の死者・行方不明者を出す戦後最悪の火山災害となった。

火口から4 km 以上離れた山麓地域には人びとが暮らしているので，火口から15km ぐらいまでの範囲ではその人たちの生活が脅かされる。建物に被害が出る，そこでの生産活動が営めなくなるなどの影響がある。その一帯が，警戒地域に指定されると，立ち入り禁止となり移動を余儀なくされる。1991年の雲仙普賢岳の噴火では，1995年末まで仮設住宅での生活を余儀なくされた地域住民もいた。

影響はさらに外側にも広がり，降灰という現象によって，コンピューターが故障したり，飛行機の運行が停止したり，いろいろな機械の制御が難しくなったりして，経済的影響あるいは事業の継続に支障が出る。

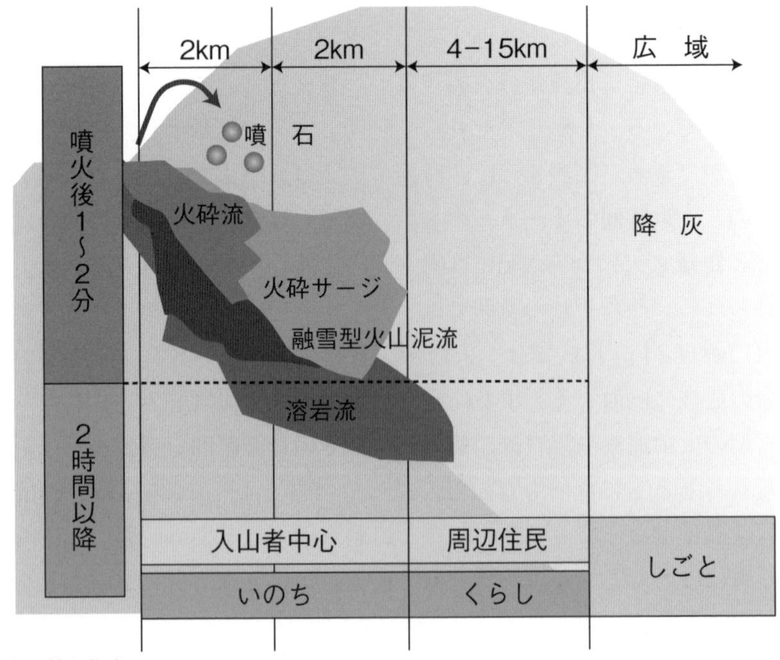

出典：筆者作成

図表 4－3　防災において考えるべき被害の種類（Impact categories）－火山災害を例に

こうした火山災害の例で明らかなように，防災において考えるべき被害には３種類ある。いのちのレベル，くらしのレベル，そして，しごとのレベルである。これを英語圏ではImpact categoryと呼ぶ。飢餓や自然災害はいのちのレベルの問題が中心となる災害である。工業社会が生み出す環境汚染等の産業災害はくらしの部分の被害が中心となる。そしてリーマンショックのような情報社会の中で新たに出てきている災害ではしごとの部分の被害が非常に大きくなっている。その背景にはモビリティ革命によるグローバリゼーションが深く関係している。昔はモビリティが現在ほど大きくないので，くらしまでの被害を考えればよかったが，今では人が頻繁にかつ広域に行きかうために，しごとに関わる経済影響の重みが大きくなってきている。

（２）　今後の危機管理の仕組み

日本では災害対策は従来自然災害だけを対象に考えてきた。CBRNEテロやサイバー攻撃などは，それぞれ別の専門家集団が扱ってきた。しかし，今後は，すべての種類のハザードを包括的に扱う必要がある。そのためには物理空間とサイバー空間の両方を同時に考えなくてはならない。物理空間での災害には従来からの自然災害に加えて，飢餓の脅威との関連する食品安全をはじめ，生活安全や労働安全など生活全般に広がっている。そこに工業社会が生み出したCBRNEによる新たな災害が加わった。さらにサイバー空間の発達による，サイバー攻撃も顕在化している。

それぞれのハザードに対して，これまではハザード毎の対応がなされてきた。しかし今後は多様な専門性を持つ人びとが連携し，そのノウハウを共有し，さまざまなハザードに対してどう立ち向かうかを標準化することが新しい課題となる（図表４－４）。Society5.0の進展によって物理空間（Physical space）とサイバー空間（Cyber space）がより高度に一体化するCyber-Physical Space（CPS）社会の実現が予想される。それは同時に新しいハザードを生み出す危険性を危惧させる。ならば，そうした新しい環境においても，私たちの生活を総合的に守ることを可能にする危機管理の仕組みをCPS上に構築していかなければならない。それこそが，これから今後求められる防災や減災のあり方となる「レジリエンス」の向上である。

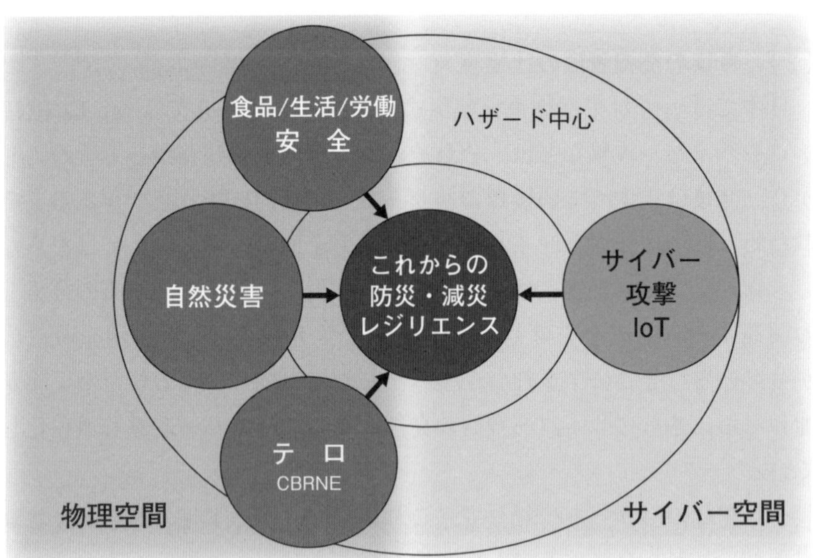

出典：「レジリエンス社会」をつくる研究会『しなやかな社会の挑戦 CBRNE，サイバー攻撃，自然災害に立ち向かう』日経BPコンサルティング，2016年より作成

図表4-4　さまざまなハザードに対応できる総合的な防災：レジリエンス

5　レジリエンスの登場

林　春男・奈良由美子

《本章の目標＆ポイント》 本章は「パート1：コミュニティレジリエンスを考える枠組み」の5回目である。社会の不可逆的変化は，システムの巨大化・複雑化を引き起こし，さらには安全・安心の概念にも変化をもたらした。もはや安全・安心をコントロールすることはできず，「災害は起こる」ことを前提とし，それをどう乗り越えるかが試されている。こうした事態を説明する概念として，レジリエンス（resilience）が重要性を増してきている。本章では，レジリエンスの概念とその意義について説明する。
《キーワード》 自然現象としての災害，社会現象としての災害，レジリエンス，予測力，予防力，対応力

1．新しい防災の枠組み―レジリエンス

（1）　従来の防災モデル：自然現象としての災害

すでに前章までに，社会の不可逆的な変化に伴って災害自体が多様化し，コミュニティも変化してきたことを述べてきた。その変化のなか，従来の防災の枠組みの限界が露わになった。

従来の防災のモデルは，災害を自然現象としてみている（図表5－1）。このモデルにおいては，防災の目標は被害（D: Damage）を減らすことにあり，その際に考慮すべき変数として3つが考えられてきた。一つめは，ハザード（H: Hazard）そのものである。二つめは人の住まい方で，これを暴露量（E: Exposure）と呼んでいる。三つめは，まちや都市を構成しているいろいろな構造物の脆弱性（V: Vulnerability）である。

これら3つの変数の関数として災害を捉えようとしているのが従来のモデルである。

D（被害）の値を小さくするためには，H（ハザード），E（曝露量），V（脆弱性）の値をそれぞれ小さくすればよい，ということになる。しかしハザードそのものを変化させることは非常に難しい。たとえば台風や地震を止めることは不可能である。したがって，ハザードに対しては，予測する，理解する，ということが対処の中心になる。さらに，わが国のように狭い国土に多くの人間がいる場合に，暴露量を変化させることも極めて困難である。たとえばまちそのものは昔からあるため権利調整が難しく，その規模を小さくしたり，別の場所に移動させたりすることは現実的には不可能であろう。一方，構造物の脆弱性についてはその値を小さくすることが技術的に可能である。たとえば，堤防や防潮堤を高くしたり，建物の耐震性を高めたりすることがこれにあたる。

このように，構造物の脆弱性をできるだけ減らすことを主たる目的として防災を進めてきたのが従来のやり方である。その結果，わが国は世界で一番高い防災力を有すると考えられていた。しかし，わが国の防災力が決して十分ではないことが，1995年1月17日の阪神・淡路大震災により明らかになった。

$$D = f(H, E, V)$$

Where D: 被　害
H: ハザード（理学）
E: 暴露量（都市計画）
V: 脆弱性（土木建築構造）

出典：「コミュニティがつなぐ安全・安心な都市・地域の創造」研究開発領域中間評価用研究開発領域活動報告書（2017）より作成

図表5－1 従来の防災のモデル：自然現象としての災害

阪神・淡路大震災では6,000人以上の人が亡くなり，10兆円という直接被害が出て，それまでの災害に比べて想定外の大きな災害になった。従来の防災モデルに照らしたとき，この災害は２つの点で想定外だった。一点目はハザードについて，直下型の地震は発生しないというのが当時の認識であった。二点目は暴露量に関して，350万人も住んでいるような大都市が直下地震に見舞われることは経験の外であった。予想外の初めてのハザードに大都市が見舞われた結果として，その時点で戦後一番大きな犠牲を生むような大災害となったのである。

（２）　制圧できない災害

阪神・淡路大震災は，わが国は依然として災害を制圧できていないことを示した（図表５－２）。その後，構造物の脆弱性を減らせば災害は減るという今までの防災のあり方を否定するような災害が，防災先進国と言われる米国とわが国で次々と起こった。

その代表が，2001年９月11日に米国で発生した同時多発テロである。ニューヨークではハイジャックされた航空機が世界貿易センタービルに突入し，ビル２棟が倒壊するとともに3,000人近い犠牲者が出る事態が起こった。米国のシンボルともいえる高層建物が破壊されることは想定外のハザードであり，ニューヨークのマンハッタンの高層ビルの崩壊は未曽有の規模の被害を生んだ。

2005年８月29日には，米国がハリケーン・カトリーナに襲われた。最大クラスのカテゴリー５のハリケーンがニューオーリンズを直撃し，市域の80％が１カ月以上湛水し，人口が半減する甚大な被害をもたらした。

そして2011年３月11日，日本で東日本大震災が起こった。この震災の引き金となった東北地方太平洋沖地震の規模はマグニチュード9.0であ

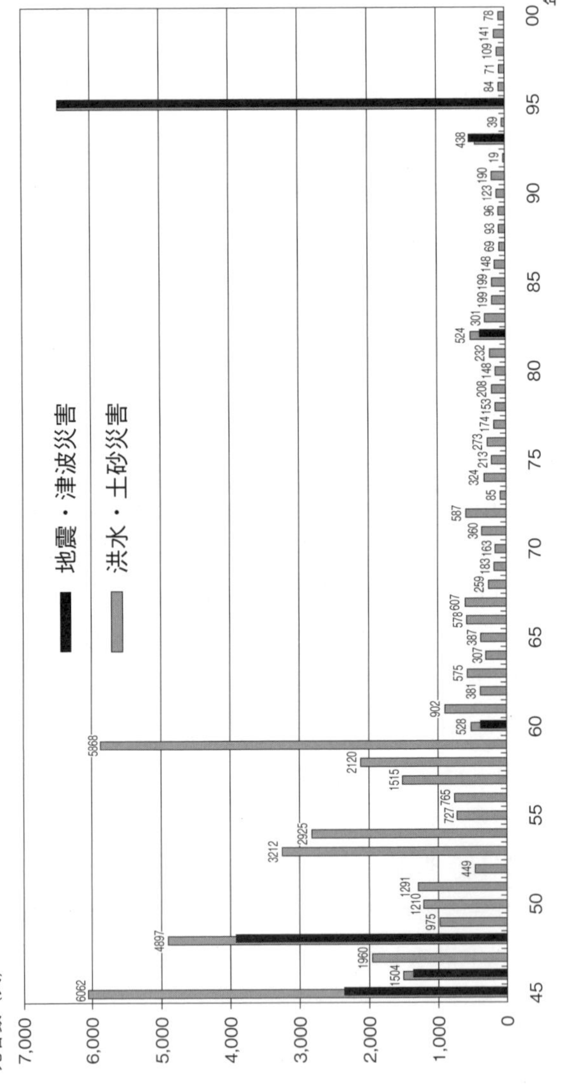

出典：平成14年度「防災白書」より作成

図表5－2　1945年～2000年の災害による死者数の推移

る。これは発生時点において日本周辺における観測史上最大の規模のハザードである。太平洋沿岸を襲った津波は，場所によって波高10m以上，最大遡上高40.1mにも上り2万人近い多くの犠牲者を生んだ。本震災の被災地域は，南北約500km，東西約200kmの約10万km²に及び，暴露された人間の数は1,600万人にも及んだ。このように東日本大震災は，ハザードの値も暴露の値も大きく，結果としてわが国で最大級の被害を生む災害になってしまった。

近年の災害の特徴を顕著に示したものとして，2012年10月29日にニューヨークのマンハッタンを襲ったハリケーン・サンディについても言及しておこう。これが発生した時点では，先述のハリケーン・カトリーナに次ぐアメリカの災害史上2番目に大きな被害規模の災害である。サンディはハザードとしてはハリケーンのカテゴリーに入らないほど小規模な温帯低気圧であったのだが，ロウアー・マンハッタンを中心にマンハッタン島が浸水した。膨大な暴露量を持つ大都市が被災したため，米国災害史上に残る被害規模の災害となったのである。

（3）　脆弱性の低減だけで被害を軽減できない

これまでいくつかの災害事例をみてきた。それらが示しているのは，構造物の脆弱性以外の要因が災害の規模を決めている事象が，ここ20年ぐらい繰り返し起きているということである。言い換えれば，脆弱性の低減だけで被害を減らすことには大きな限界があるという現実がそこにある。ハザードの影響は極めて大きく，都市災害の甚大さが示すように，暴露量の問題が災害において非常に大きな影響を持っている。

ここまでを小括すると以下のようになる。阪神・淡路大震災からの20年間に繰り返し巨大災害が発生している。そこには予想外のハザードや想定以上のハザードが絡んでおり，都市災害や超広域災害の場合に大きな被害が生まれている。わが国が持っている被害抑止力は不十分であり，わが国の防災の特徴である構造物による高い予防力は十分とは言い切れない。

2. 災害を乗り越えるためには

これだけ繰り返し大きな被害が出てくるということは，被害を完全に抑止することはできないということも示している。ということは，このままの防災でやっていけるのか，防災のあり方そのものが問う深刻な問題が発生している。

(1) レジリエンス

現在，南海トラフの巨大地震が21世紀前半に起こることが確実視されている。また，それ以外にも首都直下地震等の大地震や，大規模水害といった災害の発生が懸念されている。それまでの残された時間の中で予想される被害をゼロにすることは不可能である。この事実は，災害予防

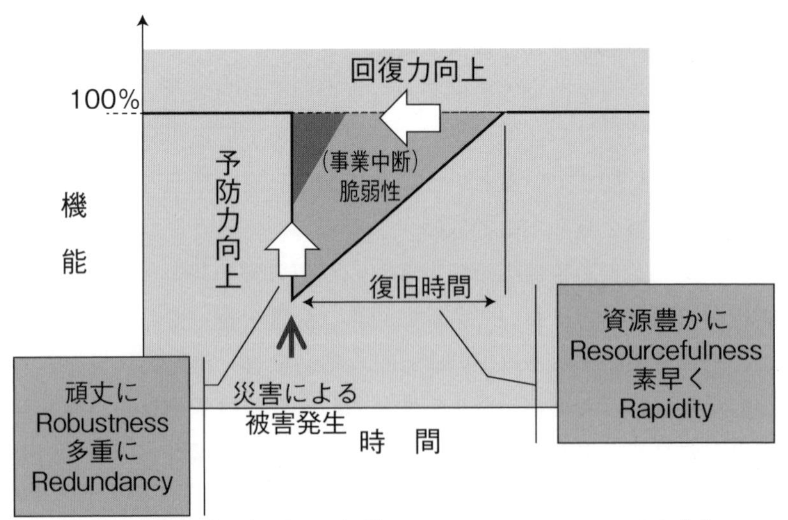

出典：MCEER（米国地震工学研究学際組織）の Resilience Framework より作成

図表5－3 レジリエンスモデル

を中心とした従来の防災・減災のあり方そのものを問題にしている。むしろ災害は起きる，被害が出るという前提に立ち，そこから立ち直るプロセスについてもっと理解を深めなければならない。

そのためには次のような目標を達成していくことが必要となる。第1に，被害を少しでも減らす努力を今後も続ける。第2に，重要な社会機能については高い事業継続能力を持たせる。そして第3に，社会全体としては発生する被害を乗り越えて速やかな復旧・復興を実現する。これら3つの目標を達成する力がレジリエンスである。そして，これからの防災はレジリエンスの向上を目指していかなければならないのである。

上述の内容をモデル化し図示してみると次のようになる（**図表5－3**）。**図表5－3**において，横軸は時間の流れを示し，左から右へと時間が経過していくこととなる。縦軸は当該ユニットが果たしている社会的機能を示しており，通常（非異常時）には100％の機能が果たされていると考える。

災害が起きると被害が発生するために，ユニットはその機能を損失してしまう。しかし，そのまま終わるのではなく，機能回復をしようとする活動がスタートする。機能が回復するまでには一定の復旧時間が必要となる。100％の回復ができる場合もあるし，できない場合もあり得る。仮に100％の機能回復ができたとして，そこに出来上がる三角形が事業中断の三角形である。この三角形の面積をできるだけ小さくできれば，高いレジリエンスを持っているといえる。

（2）　レジリエンスの高め方

この模式図によると，レジリエンスの高め方には大きく分けて2種類あることがわかる。一つはへこみを減らすことである。発生する被害をできるだけ小さくすれば，三角形の面積は小さくなるので，レジリエンスは向上できる。そのためにはシステムを構成する個々の要素を頑丈に作る，あるいはシステムそのものを多重化しておく工夫をすることによって，機能損失を少なくすることができる。これは**予防力**の向上を意味している。

もう一つは，被害が出たとしても復旧までに要する時間を短くするという考え方である。そのためには，復旧に関わるさまざまな資源をできるだけたくさん集めたり，一つひとつの仕事を手早くして全体としての所要時間を短くしたりする工夫をすればいい。この方法は**回復力**の向上といえる。

（3）　2つの力の統合

これから求められているのは，予防力の向上と回復力の向上の2つの方法を総合化することである。ここでの総合化とは，集中と選択である。

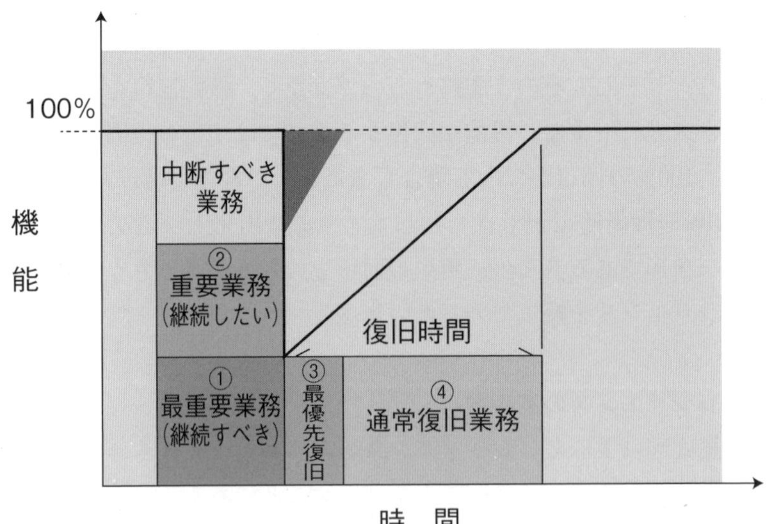

出典：図表5－3に同じ

図表5－4　総合的な防災能力の向上

まず，絶対に止めてはいけない機能は何なのかを明確にし，それはしっかり守る。ついで，できれば止めたくない機能は何なのかを探して，そこに投資し，最低限の事業継続能力を確保する。それから，これは止めると割り切って，復旧をどうするか，優先的に復旧するか，それが済んでから復旧するかを選択する。結果として，全体の仕事を少なくとも４つの仕事に振り分けて，それぞれに必要な資源を配当すべきではないかということである（図表５−４）。

わたしたちはハザードを制御することはできない。しかし，人の命を守り，被害を減らすことはできる。そのためにはわたしたちを取り巻くさまざまなハザードがもたらすリスクをしっかり理解し，それに対して適正に対応することが社会のレジリエンスを高めることになる。そこで必要になる力として，**予測力**，**予防力**，**回復力**という３つの力を総合的に高める必要があるというのが，これからの防災の基本的な考え方である。

3．新しい防災のパラダイム

（１）　社会現象としての災害

従来の防災モデルの限界を踏まえ，新しいモデルは社会現象として災害をとらえている（図表５−５）。これはいわば，防災に新しいパラダイムを作らなければいけないという主張でもある。そこで目的となるのはレジリエンスを高めることにほかならない。

このモデルは，R（レジリエンス）の大きさに関わる３つの変数で構成されている。一つめは出発点となる被害（D）そのものである。どこにどのような被害がどのくらいの規模で起きるかを把握しないと，それを乗り越えることはできない。被害の認識はレジリエンス向上の出発点ともいえる。二つめは人間活動（A: Activity）である。災害からの立ち直り過程を押し進める主体は人間であり，その活動の分析が必要である。三つめが時間（T: Time）である。災害からの立ち直りにおいて時間は重要な役割を担っており，レジリエンスを考えるうえでこれを分析することが必要となる。

この新しいモデルは従来のパラダイムを否定するものではない。自然現象として災害を見てきた従来のモデルは，被害（D）を規定するものとしてハザード（H）と暴露量（E）と構造物の脆弱性（V）と考えてきた。ここで，レジリエンスモデルの変数でもある被害（D）をH，E，Vを用いて置き換えてみると，レジリエンスの考え方は，自然現象として災害を見る予防力を中心とした知見に，防ぎきれずに発生してしまう被害を前提に，それを人間の力や時間をうまく使って乗り越えるという社会現象として災害をとらえる知見を加えた，より総合的なものとなる。言い換えれば，予防力と回復力を合算したものとしてレジリエンス

R = f (D, A, T)

Where
R: レジリエンス
D = f (H, E, V)
A: 人間活動
T: 時　間

出典：図表5-1に同じ

図表5-5　レジリエンスモデル：社会現象としての災害

R = f (D, A, T)

R = f (H, E, V, A, T)
予防力＋回復力

出典：図表5-1に同じ

図表5-6　レジリエンスモデルの充実のために回復力の向上が必要

をとらえようとするのが新しいモデルである（図表5－6）。

（2）　レジリエンスの国際的意義

本章ではレジリエンスという概念の意義および内容について述べてきた。レジリエンスの重要性は，現在では国際的にも認識されている。2005年1月，兵庫県神戸市で開催された第2回国連防災世界会議において「兵庫宣言」と「兵庫行動枠組2005-2015：災害に強い国・コミュニティの構築（Hyogo Framework for Action 2005-2015: Building the resilience of nations and communities to disasters)」が採択された（UNISDR, 2007)。レジリエンス（resilience）はこの行動枠組における重要概念として打ち出された。そこではレジリエンスを「ハザードに曝されたシステム，コミュニティあるいは社会が，基本的な機構及び機能を保持・回復することなどを通じて，ハザードからの悪影響に対し，適切なタイミングかつ効果的な方法で抵抗，吸収，受容し，またそこから復興する能力」と定義している。レジリエンスは防災分野で市民権を得るとともに，その後も国連システムや地域機関による防災活動の根幹概念となっていった。

2015年には東日本大震災の被災地である仙台において第3回国連防災世界会議が開催された。同会議では「仙台防災枠組2015-2030」，「仙台宣言」，「仙台防災協力イニシアティブ」がとりまとめられ発表されたが，そのなかでもレジリエンスの重要性はより一層大きくなった。すなわち，災害リスクに対して，より広範で，より人間を中心にした予防的アプローチがなければならないとすると同時に，災害対応力の強化，さらには「よりよい復興（Build Back Better)」を志向した復旧・復興のための国内外の多様なステークホルダーの参画による取り組みが必要とされている。

2015年はレジリエンスにとっては非常に大事な年となった。先述のとおり，３月に開催された第３回国連防災世界会議ではレジリエンスが防災の中心概念に位置付けられ，防災＝Vulnerability reduction（脆弱性の低減）という概念がレジリエンスに完全に置き換わった。同年９月には国連サミットにて「持続可能な開発のための2030アジェンダ」が採択され，そのなかで17個の持続可能な開発目標（SDGs: Sustainable Development Goals）が具体的な行動指針として示された。さらに，12月にはパリにて気候変動枠組条約締約国会議（COP21）が開催され，気候変動抑制に関する多国間の国際的な協定（合意）が採択された。この３つ全体に共通する認識は，災害に対するレジリエンスを高めることが今後の持続的発展の鍵となるということなのである。

参考文献

●戦略的創造研究推進事業（社会技術研究開発）「コミュニティがつなぐ安全・安心な都市・地域の創造」研究開発領域中間評価用資料（研究開発領域 活動報告書），平成27年３月１日

●United Nations（2015）Transforming our world: the 2030 Agenda for Sustainable Development
https://www.un.org/ga/search/view_doc.asp?symbol=A/70/L.1

パート2　災害レジリエンスの向上

6　マルチリスクに立ち向かう

林　春男・野口和彦

《本章の目標＆ポイント》　「パート２：災害レジリエンスの向上」の１回目。現在はさまざまな脅威が存在するリスク社会といわれる。我われは，限られたリソースの範囲内でそれらの脅威に対応して行かなくてはならない。脅威は，その種類や規模によって対応すべき事項が異なる。また，複数の脅威が同時に襲ってきたり，ある脅威が他の脅威を誘発したりすることもある。また，科学技術社会では，我われが豊かさや利便性を求めた結果として，新たなリスクが生まれる場合もある。

リスク社会では，まず社会に潜在するリスクを知ることが必要である。一概にリスクといっても，その影響や起こりやすさ，対応の仕方はさまざまであり，レジリエンス向上の第一歩としてのリスクの特定や分析方法を本章で学ぶ。

《キーワード》　リスク，マルチリスク，発生確率，影響の大きさ，３種類のハザード，災害，事故，事件，EM-DAT，リスクマネジメント，リスクアセスメント

1．マルチリスク

（1）　多様なリスクに対応していく

本章では，リスクについて学ぶ。まずは「マルチリスクに立ち向かう」（図表６−１）という内容から始める。第５章で，防災を進めるうえでレジリエンスという新しい概念が重要だと説明した。本章では，レジリエンスという概念に則して，一人ひとりが防災について知っておかなければならない知見を整理していく。レジリエンスは，第５章で述べたように，予測力，予防力，対応力という３つの力の総合力であると考えられるので，それらについて具体的に説明していく。その大前提として

現在の社会にはさまざまなリスクが存在することを踏まえて，マルチリスクという概念を説明する。

社会が，どんどん複雑化し，グローバル化していくなかで，さまざまな種類のリスクや脅威が生まれてきている。しかし社会は，すでに社会に潜在する，そして新たに生まれてくるすべてのリスクに対して対応できるだけの費用や技術等のリソースや時間を持っているわけではない。そのため，社会に存在する多様なリスクについて，低減すべきリスクと受け入れるリスクを判断していく必要がある。

その判断を誤ると，社会は大きな危険性を持つことになる。どうすれば，後悔せずに多くのリスクに対応して行けるかということが重要であり，そのための手法やそれらの手法を運営するためのリスクマネジメントのあり方を知ることが重要である。

リスクへの対応を合理的に行うためには，まず「リスク」という概念を正しく理解することが必要である。リスクというのは，さまざまな種類の脅威を比較するための共通の「モノサシ」なのである。

（2） リスクとは

リスクの本質は，その起こりやすさや影響の不確かさにある。リスクには，いくつかの定義があるが，どの定義もこの本質を包含している（図表6－1参照）。

図表6－1　リスクの定義例

▶アメリカ原子力委員会：「リスク＝発生確率×被害の大きさ」
▶MIT：「リスク＝潜在危険性／安全防護対策」
▶ハインリッヒの産業災害防止論：「リスク＝（潜在危険性が事故となる確率）×（事故に遭遇する可能性）×（事故による被害の大きさ）」
▶ISO/IEC ガイド51：「危害の発生確率およびその危害の重大さの組み合わせ」
▶金融工学：値動きの変動（値上がり，値下がりの不確実性）
▶ISO31000：目的に対する不確かさの影響

出典：野口和彦『リスクマネジメント―目標達成を支援するマネジメント技術』JSQC選書，2009年より作成

リスクは，人間が創った概念であり，どの定義が正しいと決まっているわけではない。どの定義を使えれば，自分が解決したい問題がとらえやすいかという視点で適切な定義を選択すればよい。しかし，どのリスクの定義を用いるかによって，リスクの捉え方が変わることにも注意が必要である。

たとえば，工学や安全領域でよく使用されるアメリカ原子力委員会のリスク＝発生確率×被害の大きさという定義がある。これを使用すると，リスクが期待値で表されるために，リスクの大きさを比較しやすいという特徴がある。しかし，この定義に基づいてリスクを考えるとき，しばしば発生するが小さな影響しか与えない事象と，稀にしか起きないが大きな被害をもたらす低頻度巨大災害と呼ばれる事象が，リスクのレベルとしては同じレベルとなってしまう。しかし，しばしば起きる降雨の影響と，数百年に一度起きる大規模な地震では，社会に与えるインパクトはまったく異なる。また，数人が死傷する交通事故事案が時々発生することと，まれだが一度に数千人が死傷する可能性がある施設事故がおきることを同列で考えることはできない。アメリカ原子力員会のリスクの定義は，影響が連続的に比較できるリスクに対して適用すると有効な判断ができるが，社会的インパクトの質を異にするリスクを比較する際に活用することは，望ましくない。

現在ISOのすべてのマネジメントシステムに採用されているISO31000のリスクの定義は，リスクを組織の目的と関連付けており，その影響には好ましいものから好ましくないものまであるとしている。たとえば金融の世界では，元本が保証され，利率も一定しているものをリスクが低い商品，大きな利益を得る可能性もあれば，元本割れする危険性もあるものをリスクの大きな商品と呼ぶ。元本割れを考えていることは，好ましい結果のみを考えているわけではなく，結果の不確性の大きさをリスクととらえている。

リスクの考え方が分野ごとに異なっていても，その分野内で活用するだけであれば問題は生じない。しかし，複数の分野が連携して総合的に社会や組織でリスクの概念を活用しようとする際は，リスクの定義を合わせる必要が出てくる。

(3)　災害分野におけるリスク

災害分野においてリスクとはアメリカ原子力委員会の定義に従って，被害が発生しどのような影響を持っているのか，その確率はどのぐらいあるのかという期待値で考えることが一般的である。発生確率は0～1の間，影響度も0～1の間に標準化すると，リスクは0～1の間でいろいろなハザード間での脅威の大きさを相互に比較することを可能にする。

次に災害におけるリスクの分類について考えてみよう。さまざまな脅

自然災害
Natural

事　故
Unintentional

テロ・犯罪
Intentional

出典：ISO22324をもとに筆者作成，写真提供：中央下・右列ユニフォトプレス，中央上・左列共同通信社／ユニフォトプレス

図表6－2　想定すべき3種類のリスク

威や危機をISO22320では，Natural，Unintentional，Intentionalの3種類のハザードに分けている（図表6－2）。Naturalは，いわゆる自然災害である。Unintentional（意図的でない人為災害）は，日本語で言うと事故に相当する。本人には起こそうという意図はなくても，結果として悪い現象が起きてしまった場合である。交通事故やプラント事故がそれにあたる。Intentional（意図的な人為災害）は，仕掛けるほうに悪意が存在していて，意図的に起こしてやろうと思って起きる。いわゆるテロや犯罪行為である。たとえば東京の地下鉄サリン事件やニューヨークの9・11のテロである。災害対応は，これらのリスクをすべて対象とする。さまざまな種類のハザードが存在するなか，どのハザードから順番に検討を行い，対応を考えるかを選択するのにあたって，「リスク」という概念を使うと整理がつきやすい。

Natural，Unintentional，Intentionalとは別の整理方法もリスクには存在する。自然災害，人為災害，環境災害という3分類である。自然災害はNaturalに対応し，気象災害と地変（地面の変化）災害に大別される。人為災害は事件（intentional）や事故（unintentional）に対応するが，エネルギー系を中心とした産業災害と，モビリティ系を中心とする交通災害に大別される。新しく加わった環境災害には，短期的な有害物の漏洩だけでなく，長期的な気候変動も含まれる。

（4）　環境問題と災害におけるリスク

従来，環境問題と災害は2つ独立した分野と考えられてきた。使用している言葉は似ていても，その意味することが違っていたりして，なかなか連携がうまくいってこなかった。しかしレジリエンスが中心概念になることで，環境の問題と災害の問題が急速に連携し合うようになってきている。どちらも災害に対するレジリエンスを高めることが持続的な発展につながるという命題に最終的に落ち着くからである。

図表6－3に示すように，環境問題と災害を結びつける2つの変数がある。一つは災害規模である。地域的なものなのかグローバルなものなのか，という影響の及ぶ範囲の大きさの問題である。もう一つは，災害による被害が顕在化する速度である。展開速度が速いのが災害で，ゆっくりしているのが環境系になる。このようにみると災害と地球環境問題以外にも，公害や惑星衝突も同じ枠組みで考慮できることがわかる。

1970年代の日本は公害問題をずっと経験してきた。公害は，影響範囲が水俣なら水俣と限定されているけれども，影響が出るまでに長い時間がかかっていることに特徴がある。もう一つ忘れてはいけないのは，地球規模で瞬時に起こるようなイベントの存在である。たとえば小天体の衝突のように大量絶滅につながるようなイベントである。地球は過去5億5,000万年の間に生物の大量絶滅を5回経験しているが，いずれも惑

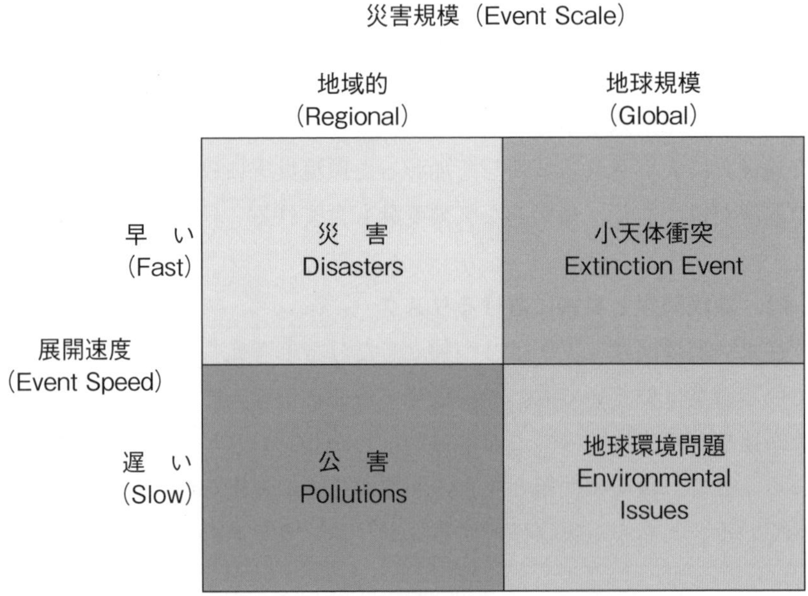

災害規模（Event Scale）

展開速度（Event Speed）	地域的（Regional）	地球規模（Global）
早い（Fast）	災害 Disasters	小天体衝突 Extinction Event
遅い（Slow）	公害 Pollutions	地球環境問題 Environmental Issues

出典：筆者作成

図表6－3　環境問題と災害の関係性

星衝突やスーパープルームによる大火山噴火等による急激で大規模な環境変化が引き金となる地球の寒冷化が直接の原因である。6回目の大量絶滅はもしかしたら人類の経済活動が起こすのではないかと恐れられている。

これまで災害，公害，地球環境問題，小天体衝突は，どれも独自の問題として扱われ，個別に対応されてきた。しかし，これらは人びとの安全・安心を脅かすリスクが総合的にとり扱われることの大切さを示しており，そこにマルチ・リスクの本質がある。

2. リスクマネジメント手法

リスクマネジメントはリスクを評価するリスクアセスメントとリスク対応からなる。リスクマネジメントをマネジメントシステムとして運用する際は，リスクアセスメントとして，社会の内外の状況変化を特定したうえで，対象の分析を行うことになっている。本章では，リスクアセスメントの具体的なステップについて記述する。

(1) ステップ1：リスクの特定（Risk identification）

リスクアセスメントの第1段階として，リスクの特定がある。ここでは，分析の対象とするリスクを定めることになる。

リスクの特定方法は，いくつかある。たとえば，以下のようなものである。

①自分を取り巻いているリスクを知って，それを分類してみる。
②それぞれのタイプの中からその影響を考え，多様な視点で大切だと考えるリスクを選ぶ。
③それぞれの選んだリスクでどんな問題があるかを考えてみる。

その際，いのち，くらし，しごとにどう影響があるのかという観点からチェックしてみることもよいであろう。

リスクの特定は，これまでリスク分析を行う担当者の視点で行われることが多かったが，本来は社会や組織運営全体の視点で考えることが必要である。担当者の視点を寄せ集めるだけでは，社会や組織のリスクを整理したことになるとは限らないからである。これまで，リスクを体系的に整理する技術がなかったために，担当者が気づいたり，心配なことを集めることをリスクの整理とすることが多かったが，本来のリスクの特定は組織的にかつ体系的に行うべきものである。

また，リスクがあれば，必ず低減するという前提でリスクアセスメントが考えられていることが多い。そのために，対応の手段や予算の見通しが立たない場合には，そのリスク自体の存在を否定する風潮も以前は存在した。リスクへ対応できるか否かということと，そのリスクが存在するということは別のことである。リスク特定にあたっては，自分の管理下にあるリスクも管理下にないリスクも，社会にとって考慮すべきリスクは，すべて検討対象としてとりあげるべきである。

（２） ステップ２：リスク分析（Risk analysis）

リスクアセスメントの次の段階では，特定したリスクに対して，分析を進めることになる。リスク分析とは，リスクのレベルを含め，リスクの性質およびその特徴を理解することである。リスク分析には，不確かさ，リスク源，結果，起こりやすさ，事象，リスクの顕在化シナリオ，対応方法やその有効性の詳細な検討が含まれる。

リスク分析に際しては，１つの事象が複数の原因および結果をもち，複数の目的に影響を与えることがあることに注意を要する。分析手法は，周辺状況および意図する用途に応じて，定性的，定量的，またはそれらを組み合わせて行う。

（3） ステップ3：リスク評価（Risk evaluation）

リスクアセスメントの第3ステップでは，分析したリスクをリスク基準と比較して評価を行う。リスク基準とは，特定のリスク対応策を採用するレベルのことで，リスク基準は，社会状況や社会に潜在するリスクの状況によっても異なる。

リスク評価は対応の決定を裏付けるためになされる。リスク評価は，どのような対応をとるかを決定するために，リスク分析の結果と確立されたリスク基準との比較を含む。これにより以下の決定を行うことになる。

①リスクを回避する

②リスク低減の対応の選択肢を検討する

③既存の管理策を維持しリスクを保有する

④リスク移転として保険等を掛ける

⑤リスク分析の内容が評価に採用できないので，リスクをより深く理解するために，さらなる分析に着手する。

3. リスクとしての自然災害を考える

（1） 20世紀の災害

図表6－4は1900年から1990年の90年間に発生した広義災害による犠牲者の割合をまとめたものである。もっとも多いのが内戦による49%，干ばつが39%，自然災害は12%にすぎないことがわかる。この結果は内戦というSociety 3.0の産物である圧倒的な火力を使った戦いによる犠牲者がもっとも多いことを示している。次の多いのは干ばつであり，Society 1.0時代の災害である飢饉が現在でも解決していないことを示している。それらに比べると，Society 2.0の災害である自然災害による犠牲は10%程度と相対的に少ないことがわかる。

では，自然災害は減少しているのだろうか。自然災害に限定すると，1970年から2007年までの40年間に世界各地で自然災害の発生件数が増加を続けている。死者数は21世紀に入り減少傾向を示しているが，被災者数および被害額は増加傾向が続いている。特に自然災害はアジア地域で頻発している。世界全体に占める割合を見ると，件数で約４割，死者数で約６割，被害額の約５割，被災者数の約９割をアジア地域が占めている。自然災害は，人口増加と経済発展が顕著なアジア地域に集中していることがわかる。

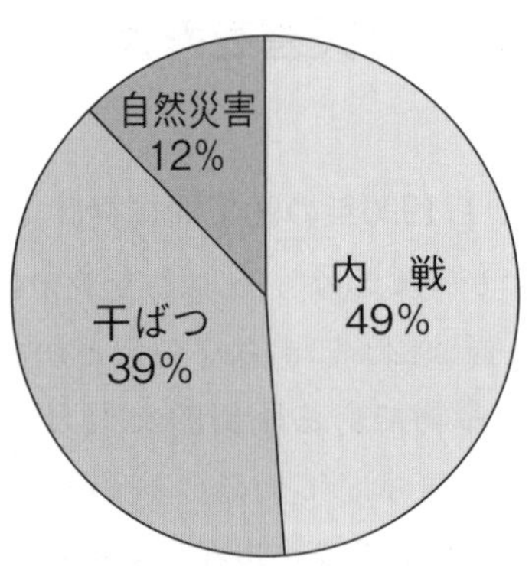

出典：*Disaster History*. Significant data on major disasters worldwide, Washington, DC: Office Foreign Disaster Assistance 1990. より作成

図表６－４　1900～90年間の災害による犠牲者の割合（USAID）

（２）　自然災害の時間的推移

1900年以降地球上では２万1,000件以上の自然災害と技術災害が発生していることを，EM-DAT（The Emergency Events Database）が教えてくれる。このデータベースは1988年に創設された自然災害と技術災害に関するデータベースであり，世界の災害統計について語るときに不可欠なデータベースとなっている。ベルギーブリュッセルにあるUniversite catholiique de Louvain保健学部に設置されたCentre for Research on the Epidemiology of Disasters（CRED）が管理している。

このデータベースでは，①10名以上の死者が出る，②100名以上が負傷するあるいは住まいを失う，③非常事態が宣言される，④国際救援が要請される，という４条件のいずれかを満たした事案を災害と定義し，世界を対象として1900年以降継続して，いつ，どの国で，どのようなハザードによって，人的，経済的被害が出たかが国単位でまとめられている。このうち自然災害については１万3,000件が，干ばつ，地震，熱波・寒波，極端気象，洪水，地すべり，火山活動，森林火災の８種類のハザード別に収録されている。

図表６－５は，EM-DATに収められて1900年から2018年までに発生した１万3,200件の自然災害の年ごとの発生件数の推移である。1970年以降，災害の発生件数は増加を続けている。観測機器の精度が向上し，災害を報道する能力も向上していることを割り引いたとしても，自然災害は増加している。ハザード別にみると，干ばつ727件，地震1,369件，熱波・寒波575件，極端気象4,122件，洪水4,959件，地すべり769件，火山活動249件，森林火災430件となり，極端気象と洪水が全体の３/４を占めている。図表６－６を見ると，全体としての自然災害の増加が，極端気象と洪水の事案の増加と強く結びついていることがわかる。

自然災害の発生件数が増加することをEM-DATが明らかにしている

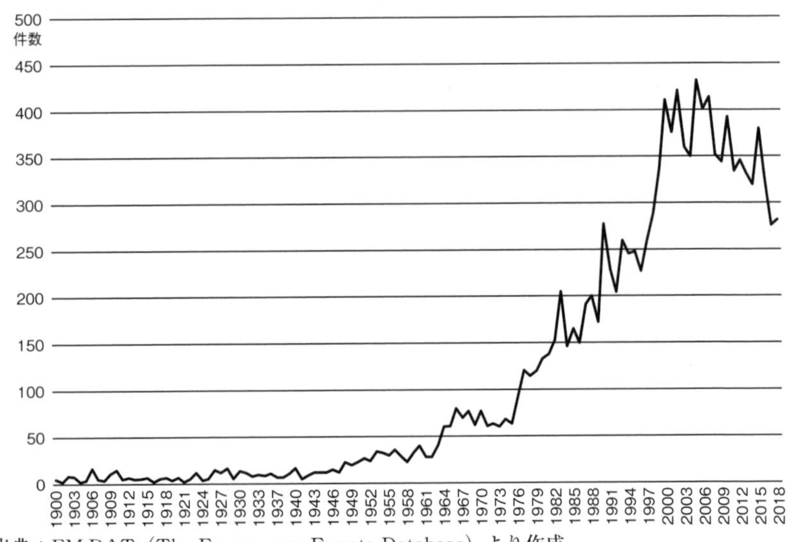

出典：EM-DAT（The Emergency Events Database）より作成

図表6－5 EM-DATに見る1900年～2018年の自然災害の発生件数の推移

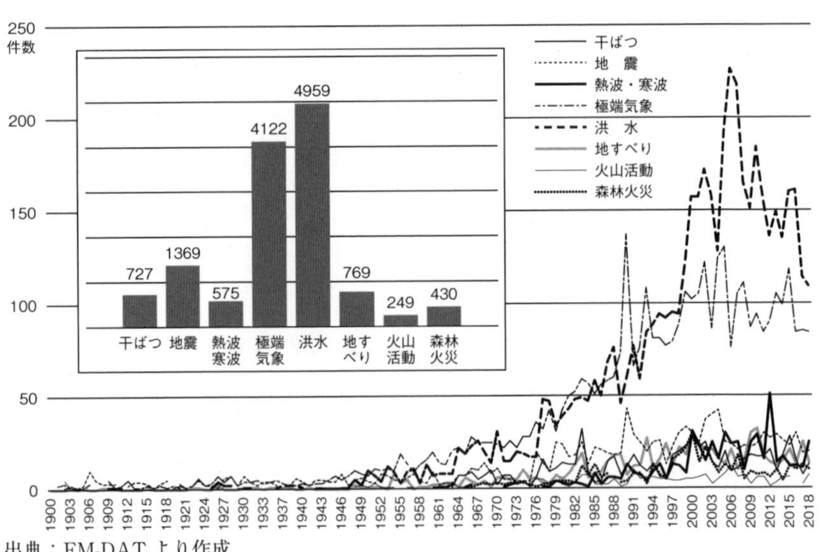

出典：EM-DATより作成

図表6－6 EM-DATに見る1900年～2018年の自然災害のハザード別発生件数の推移

が，人的被害や物的被害にどのように影響するかを次に見てみよう。図表６－７はEM-DATのデータを使って，1900年から2016年までの８つの自然災害ハザードに加えて感染症による死者数の推移をOur World in Dataがまとめたものである。前項でも述べたように干ばつによる死者の多さが目に付く。図から明らかなように，災害発生件数が増加し始めた1970年以前では干ばつによる大量の犠牲者が繰り返し発生している。20世紀の最初の20年ほどは感染症による百万人を超す犠牲者が毎年のように発生している。1960年代までは洪水によって大量の犠牲者が生まれていたが，その後人的被害は大幅に減少している。それ以外では極端気象や地震によって10万人を超える犠牲者がたびたび発生している。

EM-DATは自然災害による被害額も教えてくれる。数字は発災当時の米ドルを単位としてあらわされている。**図表６－８**は1900年から2018年までの８つの自然災害ハザードごとの被害額を示している。被害額という観点からは極端気象がもっとも大きな被害を生んでいる。次いで地震災害，洪水がほぼ同じで続いている。この３災害が1970年以降急激に甚大な被害をもたらしている。地震災害では，阪神・淡路大震災が起きた1995年，四川地震が起きた2008年，東日本大震災が起きた2011年には地震による10兆円を超える被害額を記録している。

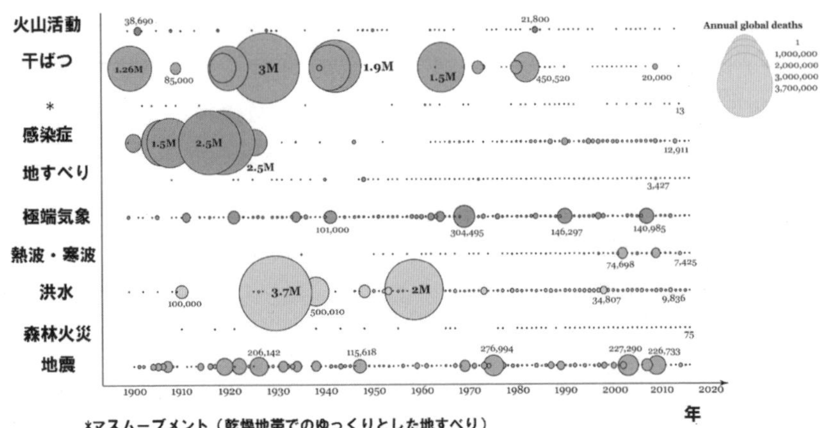

出典：https://ourworldindata.org/uploads/2017/12/Deaths-by-catastrophe-type.png より作成

図表6－7　EM-DATに見る1900年～2016年の自然災害・感染症による犠牲者の推移

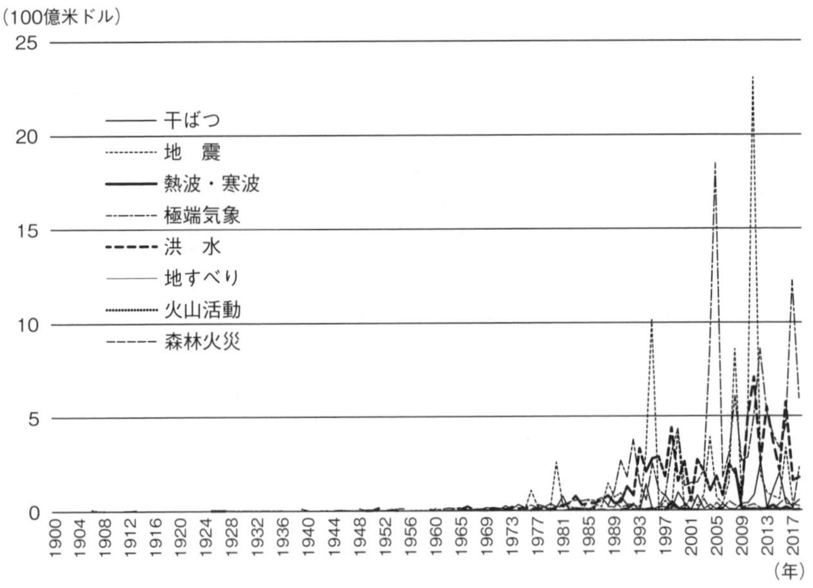

出典：EM-DAT より作成

図表6－8　EM-DATに見る1900年～2017年の自然災害による被害額の推移

7 予測力の向上 ―理学コミュニティの防災観

林　春男・田村圭子

《本章の目標＆ポイント》　「パート２：災害レジリエンスの向上」の２回目。この章では，レジリエンスを高めるうえで必要となる予測力について考える。予測の本質は当該のハザードに関して，いつ，どこで，どのくらいの規模で起きるか，を推定することである。さまざまなリスクが存在するなかで求められるオールハザードアプローチ，リスクの特定と評価，リスクの可視化などに関して，考え方や手法ならびに限界を具体的なハザードにあてはめながら考える。さらに，予測力の向上に対して科学者コミュニティがどのような役割を果たしているか，予測のプロセスで一般の人びとはどのように関わることになるのかについても考えてみたい。

《キーワード》　予測力，科学者，リスク，確率論的予測，再現期間，暴露量，脆弱性，リスク特定，リスク評価，リスクの可視化

1．レジリエンスを高める方策

（1）　予測力，予防力，対応力の関係性

実際にレジリエンスを高めていくためには，予測力，予防力，対応力の３つの要素が必須である。その相互関係をモデル化したのが図表７－１である。図から明らかなようにレジリエンス向上の第一歩は予測力の向上である。さまざまなハザードのふるまいと，それが社会にもたらす影響をリスクという共通のものさしを使って検討する。もしリスクが重大であれば，予防する。そうでなければ何もせず，リスクを受け入れる。

万が一災害が発生すれば対応するだけに留める。予防は必ずしも万全とはいえない。ハザードによる脅威が想定以上で予防力を上回れば，被害が発生するので，対応力が必要となる。そして，レジリエンスの向上のためには継続的改善が必要となる。すなわち予測力・予防力・対応力を発揮した経験を，その後のハザードの考え方，社会のあり方にフィードバックすることで，レジリエンスの継続的な向上へとつながる。

このモデルは第5章で紹介した災害のレジリエンス・モデルと基本的に同じことを述べている。第1章で紹介した被害抑止と被害軽減という防災の2つの目的は，それぞれ予防力，対応力に対する。「被害を抑止するために必要な力」を予防力，「被害を軽減するために必要な力」を対応力と表現している。

（2） 予測力の向上

第7章では，まず予測力についてとりあげる。予測とは「いつ」「ど

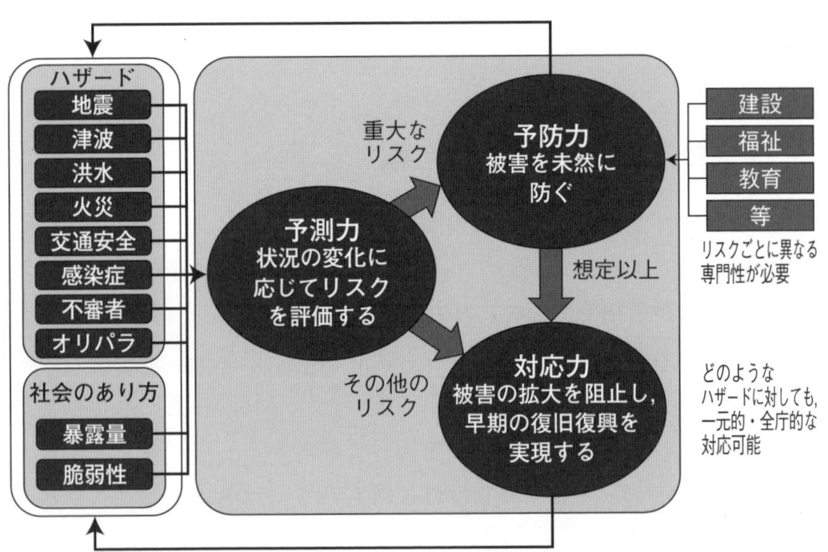

出典：林　春男「災害から立ち直る力＝レジリエンスを（特集「立ち直る力」を育む）」教育と医学，60，pp.632-641，2012年より作成

図表7－1　レジリエンスを高める最初のステップとしての予測力の向上

こで」「どのぐらいの規模」のイベントが起こるのかを事前に確率論的に推定することと定義してよい。予測には確率論的予測と確定論的予測がある。確定論的予測とは，たとえば「あと２日ぐらい以内に何が起こる」という具体的に断言する予測である。しかし科学者がやっているのは確率論的予測である。たとえば「今後30年に何かが起こる確率は何パーセント」といった予測である。その理由は予測の対象となるイベントそのものが不確定事象であり，いつ・どこで起こるかはわからないからである。そのため予測においては一定の期間でのイベントの起こりやすさとして表現している。地震予知について社会は高い関心を持っているが，現在の科学では地震の確定論的予測はできない。そのため地震学では確率論的予測を「長期予測」と呼び，確定論的予測を意味する「予知」という言葉は使わない。

確率論的予測のもう一つの表現方法として，再現期間として表現する方法がよくつかわれている。２年に一度（1/2），20年に一度（1/20），１万年に一度（1/10,000）というように，対象とするイベントが平均して何年に一度起きるかで表現している。再現間隔と呼ばれることもある。

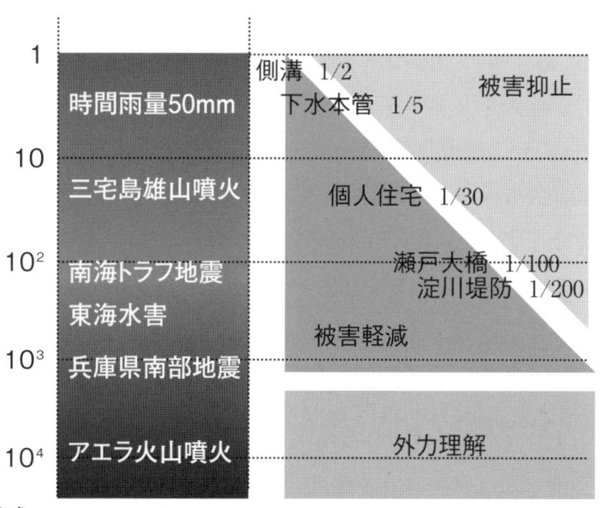

出典：筆者作成

図表７－２　再現期間ととるべき防災対策の関係

地震動の強さや雨量のように，ある期間内にそれを超えるイベントが起きる確率（超過確率）が問題になるとき，超過確率の逆数として再現期間が定義される。問題とするイベントの起こりやすさを再現期間で表現することで，それに対してとるべき防災対策のあり方，そこで用いられる防災設備の性能との関係性が明らかになる（図表７－２）。

側溝からの洪水のように，さほど強くないハザードでも短い再現期間で繰り返し発生するイベントについては，当然被害抑止対策を実施する。１級河川の堤防のように再現期間が100年程度で整備されている施設となると，被害抑止策も大規模になり工学的手法の限界に近づく。それ以上再現期間が長いイベントについては，工学的な対策よりもハザードのふるまいの理解が重要な対策となる。そのため，再現期間が長くなるにつれて，対策も被害抑止策から被害軽減策へと比重が移り，工学から社会科学・都市計画的な手法へ，それ以上長い再現期間は理学という役割分担になる。

（３） 理学・工学・社会科学の守備範囲

防災分野における理学，工学，社会科学のレジリエンスに向けた守備範囲を考えてみよう（図表７－３）。これまで自然現象として災害を扱ってきたのは，理学，工学，都市計画という自然科学の分野だったが，それぞれが扱っている範囲が異なっていた。工学が扱う構造物の寿命は長くても約100年であり，工学は主としてそれよりも短い時間範囲を扱う。1,000年単位でなされるまちの形成を扱うプランニング（都市計画）は1,000年程度までを扱う。防災分野の理学はそれよりもさらに長く，何万年，何十万年というスケールで物を考えている。今後100年を考えているのが工学，今後1,000年をイメージしているのが都市計画，そして地球の最後やその起源などは，理学のスコープに入ってくる。理学，工学，プランニング（都市計画）の守備範囲をみると，ちょうど100年を超えから数百年程度が手薄にみえる。一方で特に最近の数百年に起きた社会の仕組みの大きな不可逆的変化をどう取り込むかは非常に重要な課題である。その点については，社会現象として災害をみる社会科学が担うべき事柄ととらえることができる。

（４）理学研究が対象とする時間間隔

理学は自然科学および数学から成り立つ学問であるという。自然科学は自然の法則性を根拠として，過去に観察されたものが将来も再現すると仮定して，その規則性を明らかにし，数学的に記述する試みである。自然科学が対象とするのは量子力学から天文学まで，短い時間から長い時間まで，ナノから広大なものまでのすべてを対象とする。防災に関連する部分では長く広範囲な部分が，理学が主たる対象とする部分である。

理学だけが対象にできる災害に大量絶滅や地球の終焉がある。大量絶

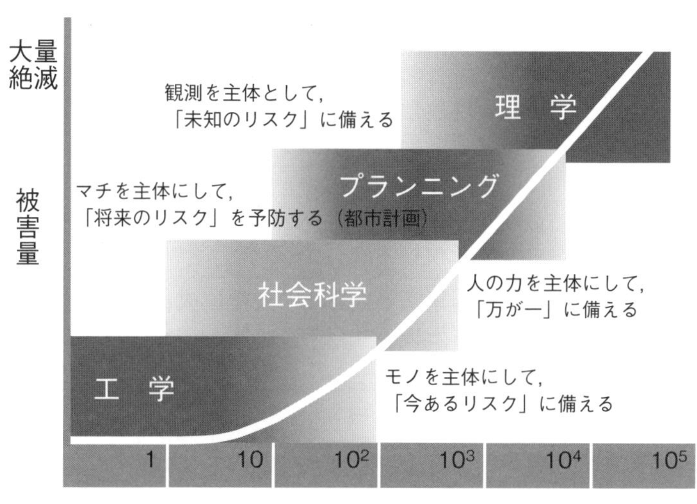

出典：戦略的創造研究推進事業（社会技術研究開発）「コミュニティがつなぐ安全・安心な都市・地域の創造」研究開発領域　中間評価用資料（研究開発領域　活動報告書），2017年より作成

図表７－３　レジリエンス研究における理学・工学・社会科学の守備範囲

滅は地球の歴史上，直近の5億5,000万年の間に5回大量絶滅があり，特に中生代と古生代を分けるパンゲアにおいて最大の大量絶滅が発生している。その原因は，スーパーストームと呼ばれる大規模な火山活動に起因する地球の寒冷化である（図表7－4）。一番最近の中生代白亜紀末に恐竜が絶滅した大量絶滅のきっかけは小惑星の衝突である。その時少量の餌で生きていけた小さな哺乳類だけが生き残り，今日に至っている。いずれにしろ，超ド級の自然災害がもたらす地球の寒冷化によって生物は，食べるものがなくなる飢餓を直接の原因として大量絶滅が発生している。

将来に目を向けると，太陽の寿命が尽きれば，地球にはそこに飲み込まれて終わってしまう運命が待っている。ヘリウムばかりになって膨大になった太陽は赤色矮星となって大爆発を起こす。太陽の寿命は約100

図表7－4 過去5回の大量絶滅とその原因

地質時代（数字は×100万年前）		主な絶滅生物	主な環境変動	絶滅率（%）
中生代 白亜紀末	65	竜盤類恐竜 鳥盤類恐竜 アンモナイト	巨大隕石衝突	60
中生代 三畳紀末	200	哺乳類型爬虫類 アンモナイト 二枚貝・巻貝類	不明	60
古生代 ペルム紀末	252	腕足類の貝類 古生代型サンゴ 三葉虫	大規模火山活動 気候寒冷化 超酸素欠乏	90
古生代 デボン紀末後期	375	造礁性生物 板皮類魚類 三葉虫	海水準低下 気候寒冷化	80
古生代 オルドビス紀末	444	オウムガイ 三葉虫 コケムシ	海水準低下 気候寒冷化	85

出典：磯崎行雄『生命の「復興力」』ヤクルト「ヘルシスト」211号（2012）pp.1-6より作成
https://www.yakult.co.jp/healthist/211/img/pdf/p02_07.pdf

億年と想定されており，現在は46億年目に来ていて，ちょうど中間地点である。こうしたスケールの災害を扱うのは理学者の独壇場である。

（5）　理学者が防災上果たす役割

地球規模でしかも長期間の視野に立つハザードの変化を考える理学者には，工学や都市計画では扱えない超長期の予測を期待したい。たとえば「九州の半分が飛ぶような噴火は１万年に１回しか起きないから，あと4,000～5,000年は起きないだろう」とか「小惑星は，ここ300年ぐらいは地球には落ちないはずである」といった安心情報の提供である。そこで語られる災害は極めて大規模で，人類の絶滅につながりかねないものであってもそれが当面起きないならば，私たちがとりうる対策はそうした超長期災害に備えた観測を続ける他にないからである。そこに理学者の重要な役割があるのではないだろうか。同時に，私たちが確実に備えておくべき近未来の災害について知らせることも理学者の役割である。

2．近未来で考慮すべき自然災害

（1）　地球温暖化と海面上昇

地球規模において現在直面している現実的な問題として，地球温暖化がある（図表７－５）。地球温暖化は100年単位の問題である。これから何世紀かにわたって，平均気温の上昇に加えて，海面上昇も継続することが危惧されている。100年で１ｍぐらいの上昇規模だが，それが３世紀も続くと日本の洪積平野はほとんど海の底になってしまう。縄文海進では100ｍほど海面が高く，たとえば京都も海の底だった。そのため，日本中ほぼどこに行っても化石を見つけることができる。そう考えるとハザードとして３ｍぐらいの海面上昇は当然あり得る。問題は，今のままでは都市が機能しなくなるので，残された時間内にどのように対応するのか，

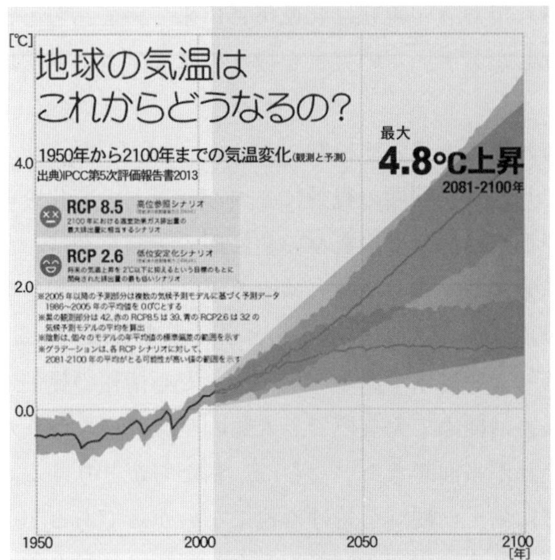

▲1950年～2100年までの気温変化（観測と予測）

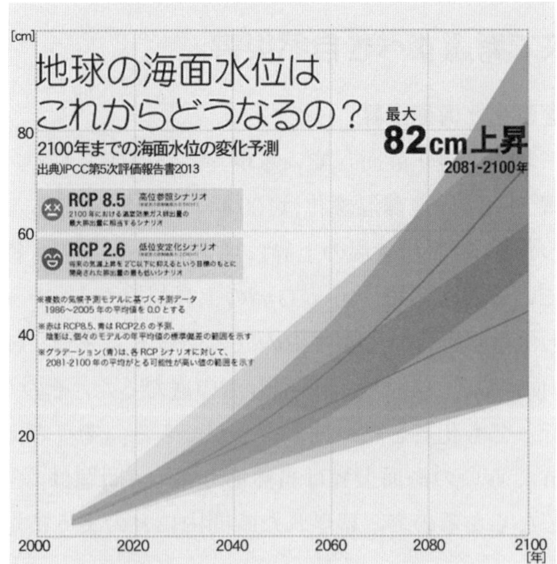

▲2100年までの海面水位の変化予測

出典：IPCC（気候変動に関する政府間パネル）：http://www.jccca.org/ipcc/ar5/wg1.html より作成

図表7－5　21世紀末までの地球の温暖化と海面の上昇の予測

都市圏をかさ上げするのか，移動させるか，それとも別の形でまちをつくり直すかという，都市計画の課題の発生である。プランニングによる解決の速度が海面上昇の速度に勝ることができるかが問われることになる。

（2）　極端気象

地球温暖化に加えてもう一つ留意すべきは「気象変動」である。気候変動は気温，降水量，海面等の平均値のゆっくりとした変化を指す。一方，気象変動は気象のばらつきが増加することに伴う問題を指す。極端気象とも呼ばれる。たとえば，図表7－6に示すように，20世紀のわが国の年間降水量を見ると，平均降水量そのものに大きな変化はない。しかし20世紀初頭に比べて，20世紀末には年間降水量の年ごとのばらつきが大きくなっている。また全国のアメダス観測点で1時間50mmを超える雨量を記録する回数が増えている。このことは都市水害の危険性の増加を意味している。なぜならば都市の中小河川や下水は1時間50mmの雨量を処理できることを目指して設計されているために，雨量が1時間50mmを超すことは，これらの施設の処理能力を超える雨のために，都市域での浸水災害の増加が予測されるからである。

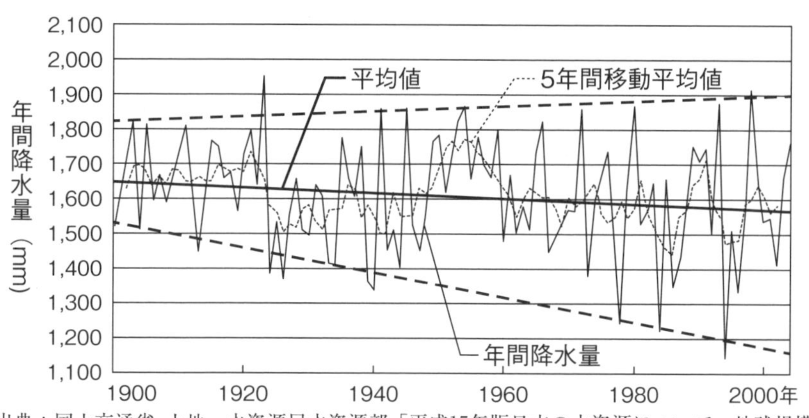

出典：国土交通省　土地・水資源局水資源部「平成15年版日本の水資源について～地球規模の気候変動と日本の水資源問題～」より作成

図表7－6　わが国の20世紀の年間降水量の推移

(3) 21世紀前半の大規模地震災害

気候変動や極端気象に加えて，地震災害についても注意が必要である。21世紀前半に西日本地域において南海トラフ地震が起こると想定されている。千島海溝沿いにも巨大な地震津波災害が想定されている。また，首都直下地震については，内陸地震であるが，首都圏に大きな被害が想定されている。南海トラフ地震については，21世紀前半に発生が確実視されているため，建物・土木構造物の建替えで抜本的に備えるといった工学的対策だけでは予想される被害をすべて抑止することは不可能である。それを補う意味でも，社会科学的アプローチによる対策が重要となる。

地震調査研究推進本部が公表する「今後備えるべき大規模地震（2010

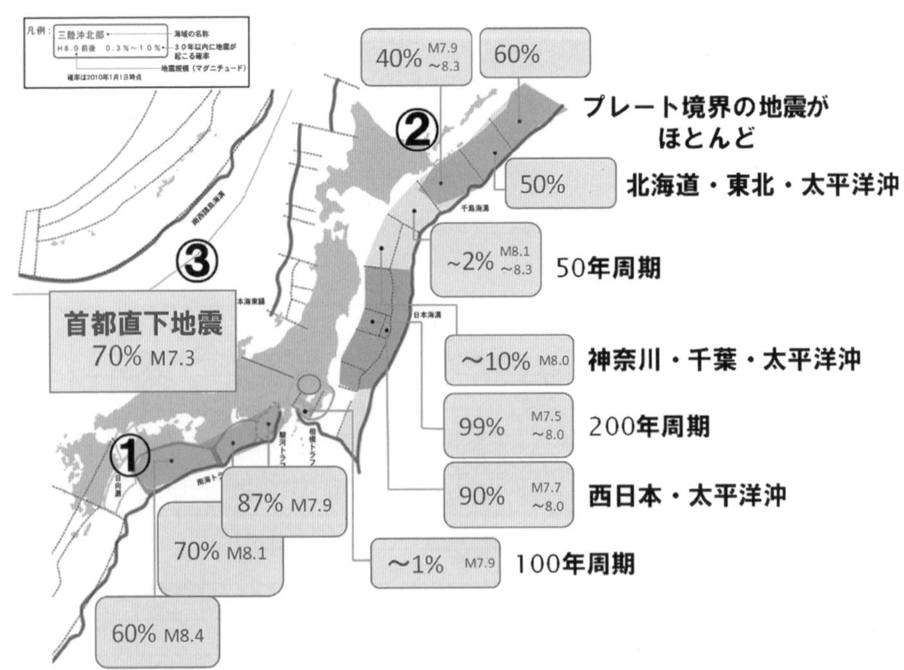

出典：地震調査研究推進本部，2010年1月より作成

図表7－7　地震調査研究推進本部「今後備えるべき大規模地震」

年)」をみると，宮城県沖地震の発生確率は今後30年で90%，99%であると想定されていた（図表７-７)。それから１年後宮城県の沖合で地震が発生した。隣接する部分も破壊され，東日本大震災（2011年）が発生した。結果として，地震調査研究推進本部の予測の信頼性の高さが証明されたことになる。地震は同じ場所で，同じ規模の地震が周期的に発生するといわれる。東日本大震災の次に起こるべき地震はどこかという観点で他の地域を見ると，もっとも高いのが南海トラフの87%，70%，60%であり，次いで択捉国後の60%，50%，40%となっている。南海トラフは100年周期だが，千島海溝での地震の発生周期は50年なので，南海トラフ・千島海溝ともに21世紀前半に発生する可能性が高い。過去に南海トラフ地震と富士山噴火が時間的に近接して発生した例がある。直近では，1707年の宝永噴火である。この点についても今後注意する必要がある。

3. 日本におけるサイエンス

(1)　サイエンスという概念

日本においては，サイエンス＝自然科学だと考える傾向がある。その背景には，明治時代に富国強兵をスローガンに日本は工業化を推進するために，個別科学化が完成した当時の科学技術を輸入したことによる。その流れは戦後も続き，主として民生分野で西洋に追いつけ追い越せと，自然科学やそれをベースにしたテクノロジー開発に注力してきた。その結果，科学とは自然科学であるという根強い思い込みが定着している。

しかし，科学は自らが立てた「問い」にもとづく「仮説」を，「実証的な方法」を活用して検証し，誰もが納得するような「合理的な理論」を導き出すプロセスなのである。それを顕著に示すのが米国における，サイエンスのとらえ方である。米国は移民の国であり，建国から300年もたっていない。世界中からさまざまな人が集まり，文化や考え方，好みもばらばら，多様である。そうした状況で人びとが平和に暮らしていくためには，最低限の「常識」が必要となる。それを，短時間で合理的に確立できる方法が科学なのである。米国において実証的な社会科学が発達してきた理由がそこにある。一方，わが国は2,000年にも及ぶ長い歴史の中で，非常に同質性の高い社会を維持してきたため，科学的に「常識」を作る手法を必要としてこなかった。そのため同じく明治時代に輸入された人文学・社会科学は，欧米の学者の研究成果を学習したり紹介したりする訓詁解釈学が主な研究スタイルとなり，合理的な常識を作る方法論としては機能していない（図表7－8）。

わが国が西欧にある程度追いつき，追い越すという国家目標を達成した瞬間から，わが国では今後の自らのあり方を模索する時代が始まり，「失われた20年」ともいわれている。そのなかで，社会のための科学技術となるためには，科学を対象によって定義するのではなく，自らがた

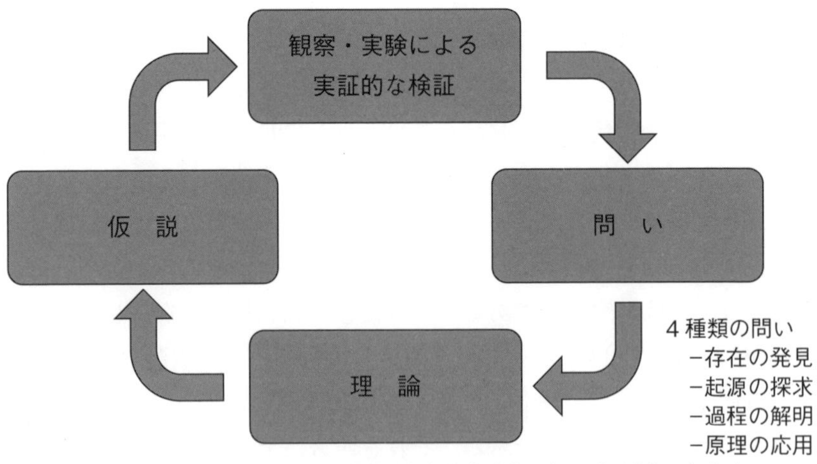

出典：北海道大学「ゼロからはじめる「科学力」養成講座1（2009年度）」より作成

図表7－8 科学的プロセスの4段階

てた「問い」が導く「仮説」を，「データに基づく科学的実証方法」を活用して，誰もが納得できる「合理的な結論」を引き出す科学的方法論として科学技術を位置づける必要がある。

（２） オープンサイエンス

サイエンスのあり方を考えるときもう一つ重要となるのがオープンサイエンスである。オープンサイエンスの出発点は学会誌だったという。自分の研究の成果を他の専門家に広め，同業者から評価してもらう仕組みである。自己満足ではなく，社会に評価してもらうことが「オープンサイエンス」のスタートだという。現在ではオープンサイエンスは，科学のプロセスはできるだけ透明性を高めるべしという研究者倫理に近い文脈で語られることが多い。こうした多様性はオープンサイエンスという概念の幅広さを示している。

オープンサイエンスが目指している重要な方向性に，直接一般市民を巻き込む活動がある。「市民科学（Citizen Science）」「オープンな教育的資源（Open educational resources）」「科学的社会ネットワーク（Scientific social networks）」といった表現で，科学は特別な人たちのためだけのものではなく，みんなのためのものであるという考え方が示されている。防災についての科学技術は，まさしくこの方向性を目指すことが重要である。特定の人だけが理解しているだけでは防災は実現できない。私たち一人ひとりが防災に関して正しい理解を持つことが大前提である。その意味では「市民科学（Citizen Science）」は非常に重要なアプローチである。

市民科学にはさまざまな主張がある。「共通のツールが要る」「みんなで一緒にやった方が早い」「知識はみんなに広まるべき」「市民が使えなければ意味がない」「学者としての評価の仕方を変えなければならない」

等，多様な考え方がある。その中で強調すべきは，公的教育においてもっと市民科学を取り扱う必要性である。

ちなみに放送大学の英語名は“Open University of Japan”であり，“University”を“Science”と置き換えてみると，オープンサイエンスの普及を目指した大学であることを名称としている。だれでも科学的研究の情報に接しながら「自分で判断できる力を日頃から培っておく」ことを目指すことを理想とする市民科学の醸成が求められる。その実現が防災に対して高いレジリエンスを持つ新しいサイエンスの形なのである。

8　予防力の向上
—工学コミュニティの防災観

林　春男・野口和彦

《本章の目標＆ポイント》「パート２：災害レジリエンスの向上」の３回目。この回では，レジリエンスを高めるうえで必要となる予防力について考える。予防の局面では，ハザードや影響を考えながら適切な対応策を検討することが重要であり，費用対効果を考慮することも重要なポイントとなる。それらを踏まえながら，対応すべき災害状況を想定し，リスク回避や低減，移転，保有などとるべき予防方法を決める。授業では，具体的な事例も紹介しながら予防力を高めるための考え方や手法，さらには課題を解説する。
《キーワード》 予防力，事業継続，経験則，設計外力，安全率，リスクマネジメント，リスクファイナンス，多重防御

1．予防力の向上

レジリエンスの向上の第一歩が予測力の向上にあることを前章で学んだ。孫子の兵法でいう「敵を知る」である。次は「己を知る」が大切になる。自分にとってそのリスクは重大なのかを判断することになる。そして重大であるとなれば，ただ手をこまねいているのではなく，自らを強くし被害の発生を予防することになる。逆にいえば，大きなリスクをもたらすハザードについてのみ，予防策を検討することになる。その背景には，すべてのハザードに対して有効な予防策は存在しないからである。例えば地震に対する予防策として建物の耐震性を高めることは有効である。しかしこの対策はパンデミックに対する有効な対策とはならな

い。逆にインフルエンザを予防しようとする場合，手洗い・うがいの実施，人ごみを避けるといった対策が有効である。しかしこうした対策は地震予防には何の役にも立たない。この例でも明らかなように，予防策の選択はどのハザードによる被害を予防するかと密接にかかわっている。そのため予防すべきハザードを明確に設定することが予防の第一歩となる。

重要なリスクに限って予防策がとられるといっても，どのハザードを予防するべきかの判断はなかなか困難である。なぜならばハザードごとにそれを所管するそれぞれ異なる専門の部局が存在し，部局ごとに予防策を検討するからである（図表8－1）。しかも予防策には専門性が高いものが多いため，部局を超えてのコミュニケーションが難しいという特徴もある。本章では，防災分野における予防の中心を担う土木・建築物による予防をとりあげながら，工学的アプローチによる予防力の向上を考える。

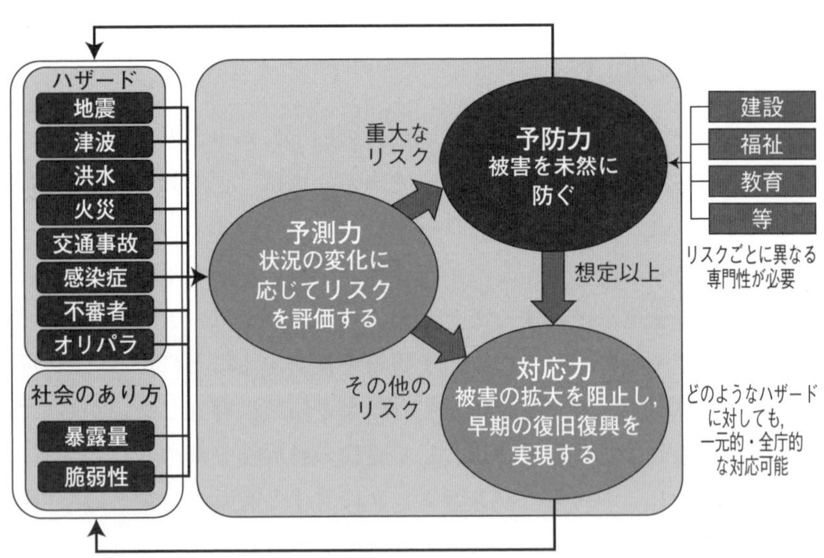

出典：林　春男「災害から立ち直る力＝レジリエンスを（特集「立ち直る力」を育む）」教育と医学，60，pp.632-641，2012年より作成

図表8－1　レジリエンスの向上における予防力の向上の位置づけ

（1）　近代工学の誕生

災害に対するレジリエンスの向上に対して，工学的アプローチによる予防力の向上は大きな貢献をはたしてきた。近代工学は産業革命によるエネルギー革命，モビリティ革命を通して18世紀に生まれた。Civil Engineeringの誕生である。Engineeringという言葉は元来軍事用具や施設を作る技術を意味したが，産業革命の進展によって「自然にある大きな動力源を人間に役だつように支配する術」としての非軍事面での技術開発を目指して，社会基盤整備を中心に土木や建築の分野からスタートした。ついで，機械工学，電気工学が確立し，その後化学，資源分野も加わり，19世紀後半にはわが国の工学でおなじみの，機械工学，電気工学，化学工学，資源工学（採鉱，冶金など），建設工学（土木，建築など）の５大部門が確立した。その後も社会の変化に即してさまざまな工学が生まれている。

（2）　工学的アプローチの特徴

前章では理学的アプローチを見てきたが，理学と工学はまったく違うものであると認識されている。工学は，「工学における教育プログラムに関する検討委員会」の報告書（1998年）では，次のように定義されている。

> 工学とは数学と自然科学を基礎とし，ときには人文社会科学の知見を用いて，公共の安全，健康，福祉のために有用な事物や快適な環境を構築することを目的とする学問である。

理学者が真理の探究を目指すのに対して，工学者は人類を幸福にするという目的の最大化（最小化）を目指している。そのため理学では法則にもとづく合理性が重要であるが，工学は人類を幸福にするという目的に対する合理性に食わせて，合目的性，安全性，経済性，運用・保守性も重要な価値となっている。

防災にあてはめると，災害現象の理解やその原因の究明は重要である。その一方で，災害発生を予防し，万一災害が発生しても被害を小さくするための構造物の強化やインフラの整備，システムの強化等も重要となる。そうした対策の実現には合理性はもちろんのこと，合目的性，安全性，経済性，運用・保守性を考慮した設計がなされることはきわめて重要である。

もう一つ工学を特徴づけるものに経験則の活用がある。『大辞林』（第三版）によれば経験則とは「法則としての因果的必然性がまだ明らかになっておらず，経験上そう言えるというだけの規則」と定義される。現象や物質等が持つ法則性がわからない場合でも，人類の幸福のために自然界に存在しないものを設計しようとする工学者は，メカニズムをブラックボックスと考え，入力と出力の対応関係に規則性が見いだされれば，それを経験則として採用する。

2. 災害を予防できる安全な構造物とは

災害予防という観点からは，何があっても壊れない丈夫で安全なものが望ましい。技術的な観点からは，費用や年月を掛ければ，それを実現することは不可能ではない。しかし，社会が投資できる資源が限られている以上，何があっても壊れないものは作られることはない。さらに，また，人工的に創り出すものは，壊すべき時に必ず壊われる必要があるために，絶対壊れないモノを造ってはいけない。言い換えれば，工学がつくり出すものは，限られた期限やリソースの中で求められる要求仕様を満足するモノである。逆にいえば，モノが壊れる条件も組み込まれているため，リスクのないリスクフリーのモノは存在しない。災害予防という観点からは，どのような限界を設定するかが重要な課題となる。

（1）　設計外力

防災に係わる予防力の中心は土木・建築の構造物である。これらの構造物に関しては，限られた期限やリソースの中で必要とされる安全性能を確保するために，設計外力によって要求仕様を決定することが一般的である。

かつて「瀬戸大橋」を見学した時，説明してくれた橋梁の専門家は，この橋の耐用年数は100年，丁寧に補修しても130年程度と語った。その先はどうするのか尋ねたら，新しいものにかけ替えるという答えだった。この例が示すように，どの構造物にも，想定された有限の耐用年数がある。防災という観点からは，構造物が使われている間に災害があっても安全であることが求められる。言い換えれば，耐用期間中に発生が予想される災害を想定して，それでも安全性が担保できるように設計する必要がある。そこで役に立つのが前章で学んだ確率論的予測である。ある一定以上のハザード強度が耐用期間内に加わる確率，あるいは再現期間の考え方にもとづいて，構造物が持つべき防災性能が規定される。それに耐えられるように各部材が設計され，変形が許容限度内に収まるように設計がなされる。

設計外力は社会全体としての安全を担保する意味でも，構造物が満たすべき最低限の値が法規や基準類で決められている場合が多い。たとえば建築基準法は，火災や地震などのさまざまなハザードに対して建築物が満たすべき最低の性能を規定する法令である。言い換えれば個別の構造物の建設にあたっては，法規等で定められた最低限を踏まえつつ，予想されるハザードに対する構造物のふるまいを自由に決定することが可能となる。そこに設計者の創意工夫が現れることになる。

(2)　性能設計の導入

1995年の阪神・淡路大震災は都市の土木構造物や建築物に大きな被害を生み，その後の設計のあり方に大きな変化をもたらした。この震災では，倒壊は免れたものの，継続して使用できない構造物が多く発生したため，設計外力以上の荷重が加わった際の構造物のふるまいについて多くの検討がなされた。その結果導入されたのが性能設計の考え方である。

それまで日本では仕様設計という考え方で設計がなされてきた。仕様設計とは，経験則に基づいて構造物に使われる材料・構造・設計計算方法などを仕様として細かく規定する方法である。高度経済成長期に定型的な構造物を量産する上ではこの方式は有効であった。反面，新技術や新工法が採用されにくく，新しい技術の開発意欲が阻害されるという点が指摘されている。

同時に，1995年に発足したWTO（世界貿易機関）は，設計法に関する規格および適合性評価の手続きが国際貿易に不必要な障害とならないよう国際規格を基礎とした設計方法を求めている。国際規格で謳われている設計方法が「性能設計」なのである。性能設計とは，「構造物に要求する性能を明示し，その性能を設計供用機関に構造物が保持することを客観的に確認する」設計法と定義されている。構造物に要求される性能を定量的に満たしている限り，新技術や新工法でも構わないとする設計法である。そのため，現地の材料の使用が進む，設計者の創意工夫が活かされる，低コストで高品質な構造物が作られるというメリットが期待されている。その結果，仕様設計においても性能を考慮して規定がなされるようになり，現在では仕様設計と性能設計の両方の考え方が用いられている。

(3)　レベル１・レベル２

性能という考え方を用いて，阪神・淡路大震災をきっかけに主として土木関連の構造物について検討されたレベル１・レベル２という概念がある。レベル１は構造物の機能を保持できるかどうか，レベル２は構造物が全壊しても，そこに居合わせた人びとの命を守れるかどうか，と整理できる。震災以前の土木構造物の安全性に関しては具体的な仕様を詳細に示す仕様規定方式だった。阪神・淡路大震災を契機として，構造物が持つべき機能や性能を要求として示し，その要求を満足する具体的な設計は制作者が決めるという性能設計方式に変化していった。

機能を保持できるレベル１（L1），人を殺さないレベル２（L2）という性能設計の考え方はその後，政府による2012年の南海トラフ地震の被害想定にも生かされている。図表８－２に示すレベル１と，レベル２の

出典：中央防災会議防災対策推進検討会議南海トラフ巨大地震対策検討ワーキンググループ「南海トラフ巨大地震の被害想定について（第一次報告）」2012より作成

図表８－２　日本政府による南海トラフ地震の被害推定（2012年）

想定シナリオである。レベル１は，ほぼ毎世紀発生する南海トラフ地震で既往最大となるマグニチュード8.7の地震の震源域である。2003年に発表された政府の被害推定で用いられた地震シナリオである。この地震が起きると約２万6,000人が亡くなり，81兆円程度の被害が出ると予想される。レベル２は，2011年の東日本大震災の発生を受けて，それと同等のマグニチュード9.0が発生した場合の震源域である。現時点で考えうる最大規模の地震シナリオである。この地震が発生すると，32万人の犠牲者と，220兆円の直接被害の発生が予想されている。

このように同じ地震に対してL1とL2という２つの異なる被害想定がなされたのは南海トラフ地震が初めてである。L1は地震の脅威に毎世紀さらされる地域であり，2018年時点で391万人が住んでいる。この地域は毎世紀繰り返し襲う地震・津波からどのように被害を減らすかを目指して，工学的な対策を継続的に検討すべき地域といえる。L2だけで被災する地域には597万人が住んでいる。この地域は構造的な対策よりも，避難対策を中心に住民の意識に働きかける社会科学的な対策を検討すべき地域である。そしてその外側の地域は，南海トラフ地震を過度に恐れずに，発災時には被災地の応援をすべき地域なのである。

（４）　安全率

設計条件を決めるときにもう一つ大事なのは，安全率の考慮である。工学的には，使用条件の不確実さや，材料の予期しない欠陥や，製造品質のバラツキなど，設計上想定していない事態にも安全性を担保する必要がある。そのために，設計にあたって要求仕様をギリギリ満足するのではなく，ある程度余裕持たせて設計する。この余裕を安全率と呼ぶ。直接的に人命に関わる部分は安全率も大きめに取られている。例えばエレベーターのかごを吊るすロープなどは安全率を10以上とすることが建築基準法によって定められている。また，堤防なども設計上の高さである計画高水位に比べて，1 m 程度は高めに造られている。

しかし，安全率をとることがつねに有効とは限らないのである。システムが複雑になっていくと，個別の部分の安全率が掛けあわされていき，システム全体としてみると安全率が極めて大きくなることがあり，非常に効率が悪くなる。今後さまざまな場面でシステムが巨大化していく中で，どうやって適切な安全率を確立できるかはこれからの大きな課題となる。

システムが巨大化する中での安全のあり方について，エリック・ホルナゲル（2015）は Safety 1 /Safety 2 という考え方を提唱している。従来の安全の考え方である Safety 1 では，「悪い方向へ向かう物事ができるだけ少ないこと」と安全を定義している。しかしシステムが巨大化，複雑化する現代では「できるだけ多くのことが正しい方向へ向かうこと」として安全を考えるべきだと主張し，Safety 2 と名付けている。安全管理の原則も「何かが起こったときに反応し，応答する」という Safety 1 の考え方から，Safety 2 では「事前対策を行う，事態の発展や事象の予期に努める」という事前対策重視の考え方へ変化している。そして，事故そのものをどう説明するかについては，Safety 1 では事故は失敗や機能不全が原因だという失敗追及型だったのに対し，Safety 2 では，結果は問わずに物事は同じ方法で起きるという考え方をするべきと主張している。そして，そこに係わる人間は Safety 1 での安全を守る責任を持つ存在から，Safety 2 では安全を守る資源とみるべきと変化している。巨大化・複雑化が持つシステムでは，人は安全性を伸ばすべく努力すべき存在だと強調されている。

3. リスクを予防する3種類の方策

(1) 災害リスクとつきあう4つの方法

リスクへの対応方法は基本的に4つある。リスクを回避するか，リスクを低減するか，リスクを移転するか，リスクを保有するかである。いわゆる予防策という範疇では，回避か，低減か，移転の3つになる。

回避は，リスク自体をなくすことである。たとえば災害のある可能性のある場所には住まないとか，事故を起こす施設を造らないという方法である。文字どおり「君子危うきに近寄らず」で，被害が起きる状況そのものを避けることである。この方法がとれることは，安全の視点からはもっとも望ましい選択である。しかし，あらゆる自然災害から無縁の場所は限られているし，たとえあったとしても，それが自分の仕事や生活環境として望ましい状況とは限らないのも事実である。

低減は，リスクを0にすることはできないが，発生確率を小さくしたり，起きた場合の影響を小さくしたりする方法である。構造物による予防は基本的に低減手法となる。移転は，保険等手段によりその影響を他者が代替するという方法である。

図表8-3には，地震，風水害，津波という3つのハザードについて，回避，低減，移転，保有という4種類のリスク対応策の実例を比較したものである。本章の冒頭で述べたように，ハザードによってとるべき予防策がいかに異なるかがこの図から明らかになる。

地震の回避策として，カリフォルニア州では活断層法を制定している。この法律は既知の活断層から両側30m以内に家を建てることを禁じている。現存する家の持ち主は，売却する際に次の買い主にその家が建設禁止ゾーン内だと告知する義務を負う。これによって長期間かけて断層近傍から住家をなくそうとしている。同じように米国のFEMA（アメリカ合衆国連邦緊急事態管理庁）は氾濫原での住宅建設禁止を推奨している。津波の場合は高台移転が回避策である。津波の来ない高さに住まいを移せば，津波の発生は問題にならない。

低減策としては地震や，津波の場合は建物の耐震性の向上や堅牢化がある。風水害や津波に対しては堤防のかさ上げがある。

移転としては古くは講，近代的には共済や保険である。火災や風水害もカバーする総合保険は，地震・津波・火山噴火の場合には免責となる。そこで国は地震保険を用意し，地震や津波災害に備えている。講，共済，保険の考え方は，たとえ自宅に被害が出てもそれを建て直すだけの資金が手に入るから，実質的に被害を乗り越えたことになる。これも予防対策と考えられる。

（２）　自然現象としての災害・社会現象としての災害

先ほどの４つのリスクの対応方法をもう少し別の視点でみると，災害を自然現象としてみるか，社会現象としてみるか，被害抑止を目指すか，

		ハザード		
		地　震	風水害	津　波
リスクへの対応	回　避	カリフォルニア州活断層法	氾濫原での住宅建設禁止	土地利用（高台移転）
	低　減	建物の耐震化	河川整備	防災施設整備（堤防・堅牢建物）
	移　転	地震保険	総合保険	地震保険共済・講
	保　有	避難（災害対応）		

出典：筆者作成

図表８－３　リスクとつきあう４つの方策

被害軽減を目指すかという2つの次元で整理することができる（図表8－4）。回避対策は社会現象として災害をとらえ，被害抑止を目指す対策である。それを担当するのは，都市計画や地域計画，プランニングの専門家となる。低減策は，自然現象として災害をとらえ，被害抑止を目指す対策となる。構造物の耐震性向上に代表される従来から日本の防災の中心的な方法でもある。移転は自然現象として災害をとらえ，被害軽減を目指した対策となる。保険は大数の法則に則って災害をみるため，自然現象として災害を扱っている。最後のリスク保有策は社会現象としての災害による被害の軽減を目指した対策であり，第9章，10章で詳しく検討する。わが国では，災害を自然現象としてみる傾向が強いため，リスク低減や移転対策についての検討が盛んであり，社会現象として災害をとらえて対策を考えるリスクの回避や保有のための対策があまり進んでいないことが改めて明らかになる。

		災害のとらえ方	
		自然現象	社会現象
対応の目的	被害抑止	低　減 (risk reduction) 建物の耐力向上	回　避 (risk avoidance) 都市・地域計画
	被害軽減	移　転 (risk transference) 保険・共済制度	保　有 (risk acceptance) 災害対応

出典：筆者作成

図表8－4　災害のとらえ方と災害対応目的に応じたリスク対応

（3）　多重防御

これまでリスクの予防にはさまざまな方法が存在することをみてきた。しかし，リスク予防はその中からどれか1つだけを選択すればよいというものではない。多重防御の考え方が大切である（図表8－5）。

多重防御の必要性を示すよい例が，2005年のハリケーン・カトリーナによって甚大な被害を受けたルイジアナ州ニューオーリンズ市にあるルイジアナ州立博物館に展示されている。図表8－6は，“Living with Katrina and beyond”と題するハリケーン・カトリーナの教訓をまとめた展示であり，多重防御（Multiple Lines of Defense）という考え方が主張されている。

水害対策といえば，堤防を造ればいいと思うのが普通であろう。しかし，カトリーナ災害の際にニューオーリンズ市で堤防が破堤した根本的な原因は，メキシコ湾岸の海岸線が痩せ細ったからである。かつてミシシッピ川はたくさんの土砂をメキシコ湾に供給し，それがどんどん陸地を広げていった。しかし堤防やダムの建設によって，土砂供給が減って

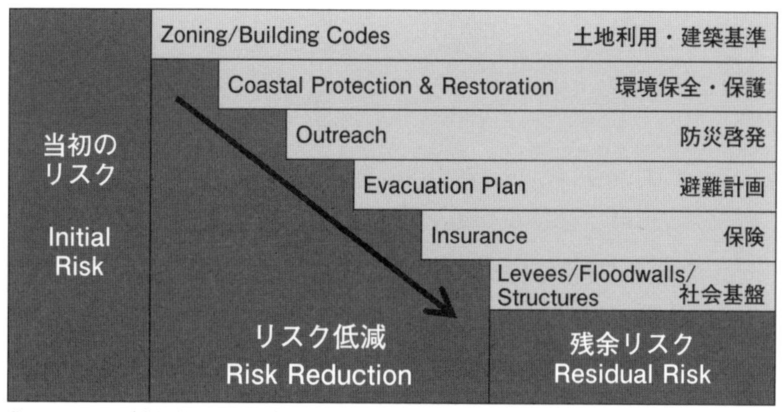

出典：USACE（米国陸軍工兵隊）：Buying Down Riskより作成

図表8－5　多重防御の考え方

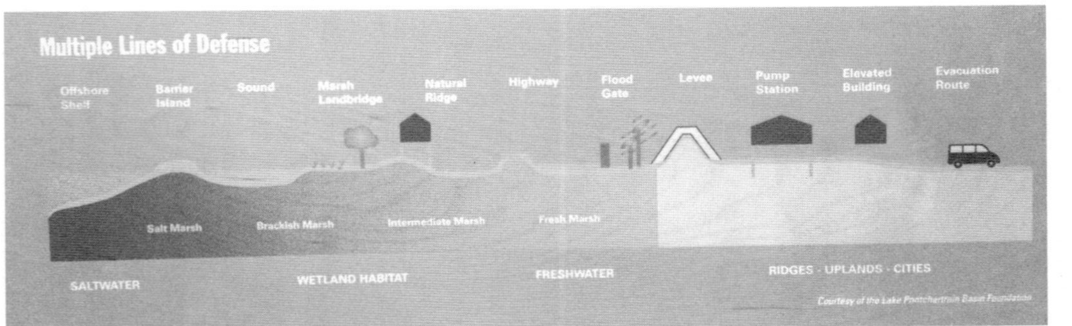

沼地の生態系を活用した防御	道路 水門 堤防 ポンプ排水	高床住宅	避難
環境保全	社会基盤整備	民間資産形成	人間行動

出典：Louisiana State Museum: Living with Katrina and Beyond，筆者撮影

図表8－6　2005年ハリケーン・カトリーナの被害を受けたニューオーリンズに見る多重防御

いき，今までハリケーンの影響の緩衝体になってくれていた沼や森がどんどん減ってしまっている。だからこそ，環境を復元することが洪水の予防策にもなると主張している。いわゆる環境と防災の連携が提唱されている。同時に，人びとが暮らす堤防の内側の地域にも多重防御の考え方が採用されている。浸水に備えて排水用のポンプステーションを設置して，どんどん水を吐き出す努力をしなければならない。住民は自分の家を高床にして，多少浸水しても平気なようにしておかなければならない。それでもダメな場合に備えて，避難計画も作っておく必要がある。これらの対策が全部一緒になって初めて防災力を向上できるという考え方である。

多重防御の考え方の根底にあるのは，１つの施策や短期的な施策では予防し切れない。多様な施策を組み合わせて，それぞれの局面で少しずつリスクを減らしていき，総合的に高い防災力を持つことを最終的に実現していく。これがレジリエンスの本質である。そのよい例がニューオーリンズにあることを知っていただきたい。

参考文献

●エリック・ホルナゲル『Safety-1 & Safety-2—安全マネジメントの過去と未来』海文堂出版，2015年

9　対応力の向上―応急対応

林　春男

《本章の目標＆ポイント》　「パート2：災害レジリエンスの向上」の4回目。本章と次章では，レジリエンスを高めるための対応力について考える。対応力が求められる局面は，全員を動員した危機対応が必要となる局面でもあり，そこでは市民社会が大きな役割を果たすことになる。その際には，いのちを守る活動，社会のフローの復旧活動，社会のストックの再建活動，が効果的に実施されなければならない。本章では，このうち，いのちを守る活動と社会のフローを復旧させる活動について，1995年に発生した阪神・淡路大震災を事例として紹介しながら，その手法や課題を解説する。

《キーワード》　対応力，市民社会，いのちを守る活動，社会のフローの復旧活動，社会のストックの再建活動，失見当期，2種類の避難，命を救える絶対時間，自助，互助，共助，災害ユートピア

1．対応力の向上

本章では「対応力の向上－応急対応」というタイトルで，対応力について概説する。前章では予防力をとりあげたが，防災を考える際の基本は「まずは予防力で対処すべきであり，対応力は最後の要である」と考えることができる。例として，2001年9月11日のアメリカ同時多発テロをとりあげる。このテロが発生するまでは，飛行機による高層ビル突入という方法のテロがアメリカ本国で発生するとは，アメリカではもちろん世界でも考えられていなかった。同時多発テロが発生したとき，そもそもリスクの存在を想定していないので予防策は存在せず，発生した被

害をいかに軽減できるかという対応力の大きさが重要になった。もう一つの例として，2011年の東日本大震災があげられる。東北地方の太平洋地域では過去の地震・津波災害の経験から，事前の対策により一定の予防力はあったが，設計外力以上に大きなハザードに襲われたことによって甚大な被害が発生し，発生した被害を軽減するために対応力が必要となった。

予想外のハザードや想定以上のハザードに襲われた場合には，予防策が十分でないため，対応力の発動こそが防災対策の最後の要となる。そして予防力が，地震なら耐震性を高める対策，風水害ならばダムや堤防の整備というように，ハザードごとにとられる対策がまったく違ってくるのに対して，対応力はどのようなハザードに立ち向かう場合でも，個人や組織の効果的な対応が決め手となるため，予防力に比べてとるべき対策に共通性が高く，一元化された対策をとることができるという特徴

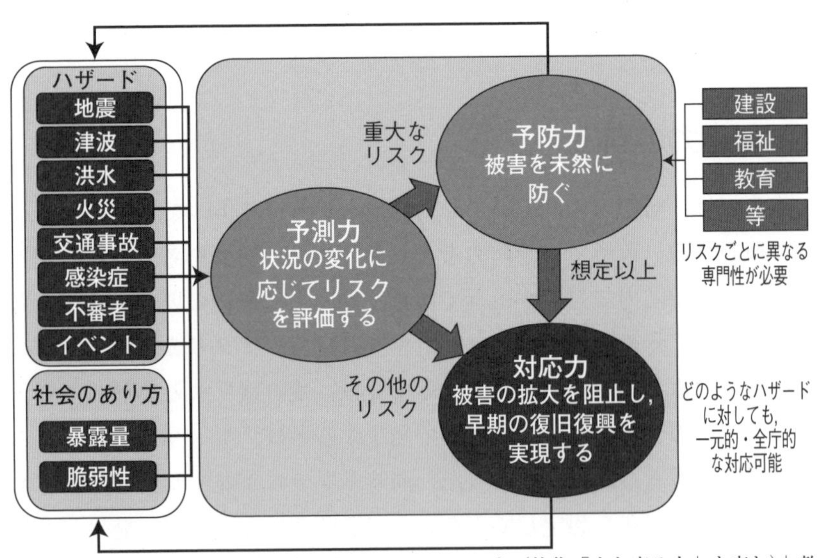

出典：林 春男「災害から立ち直る力＝レジリエンスを（特集「立ち直る力」を育む）」教育と医学，60，pp.632-641，2012年より作成

図表9－1 レジリエンスの最後の砦としての災害対応力の向上

がある。ただし一元化された対策といっても，容易に達成できるものではない。コミュニティや自治体全体など，集団での連携のとれた対応が必要となるために，災害発生後にいきなり効果的対応が可能となるものではなく，事前に制度や体制・計画を整備し，十分に研修・訓練を積む必要があることは言うまでもない（図表９－１）。

2. 災害発生後の心理・社会

（１） 災害発生後の心理的時間

災害対応のあり方を整理するためには，災害発生後，人間にとってどのように時間が経過するのかを理解する必要がある。その特徴は，災害発生後は心理的な時間が対数目盛りで推移することである（図表９－２）。図の縦軸は心理的な時間経過で，秒を単位に対数目盛で10年間を表している。横軸は物理的な時間経過で，年を単位にした10年間である。そうすると，災害後の最初の１カ月は，心理的には時間は対数で推移するために，非常にたくさんのイベントを短時間に経験する。そのカーブが１

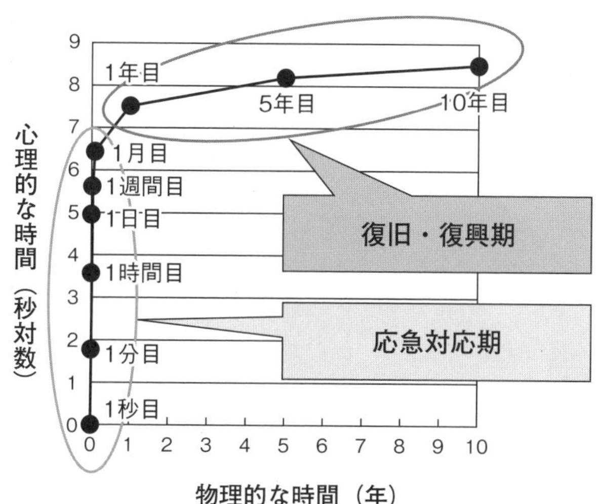

出典：林　春男『いのちを守る地震防災学』岩波書店，2003年，p.57より作成

図表９－２　災害発生後の心理的な時間と物理的な時間の関係

カ月を過ぎたところから折れ曲がり始め，経験するイベントの数も減ってくる。さらに，1年以降は経験するイベントがほとんどなくなり，自分が置かれた状態を長期にわたって維持する必要が出てくる。こうした心理的な時間と物理的な時間の関係を考えると，被災者にとって次々と変わる現実への対応を求められる応急対応期と不満足な状況が長く続くことに耐える復旧・復興期は別の心理的過程であるものと理解しなければいけない。

(2) 4種類の被災者

災害の被災者という場合，阪神・淡路大震災では少なくとも4種類の被災者が存在する被害の重層性に着目する必要がある（図表9-3）。まず命を失った人である。直接死5,500名のほとんどが住宅の倒壊で死亡している。そして命は失わなかったが50万棟以上の建物に被害があり，家や家財などの財産を失った。命や家・家財の被害はなかったが，ライフラインの停止など生活に支障がでた人は350万人にのぼる。そして，具体的な被害はなかったものの地震の揺れにより恐怖を感じた人が2,000万人は存在している。この4種類の被災者はそれぞれ異なるニー

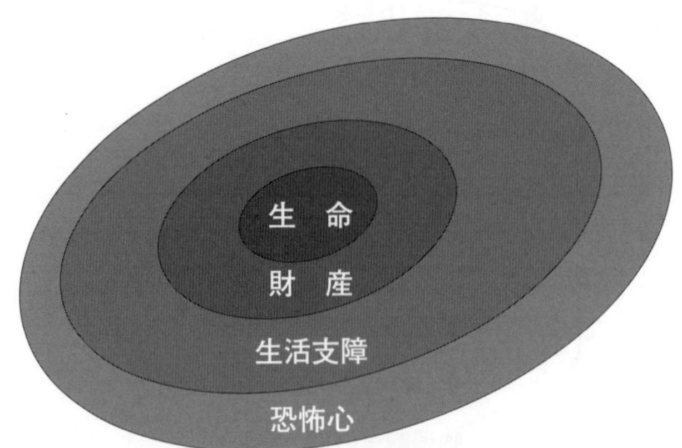

出典：林　春男『いのちを守る地震防災学』岩波書店，2003年，p.51より作成

図表9-3　4種類の被災者の存在

ズを持っているために，それぞれに適した異なる対策が必要である。これも対応力を考える際の重要なポイントである。

先ほどの時間経過と４種類の被災者の存在を組み合わせると，災害発生から復旧・復興の完成までには，図表９－４に示すように性質を異にする４つの時間的フェーズが存在することになる。すなわち，災害発生直後の10時間は何が起きたかわからない「失見当期（しつけんとうき）」，最初の100時間はいのちを守るための「緊急対策期」，最初の1,000時間はライフラインが機能回復までの間の避難所での仮の生活が中心となる応急対応期，そしてそれ以降の復旧・復興期である。本章では発災からの最初の1,000時間の応急対応についてみていく。

3．応急対応期の３フェーズ

（1）　フェーズ０「失見当期」

災害発生から最初の10時間を失見当期と名付けることができる（図表９－４）。失見当とは精神医学の用語で，自分は誰，ここはどこといった見当識を失った状態を指す。災害発生から最初の10時間は，被災地のすべての人が見当識を失った状態にいる。何が起きたかわからず，情報も

		発災からの時間	被災者数
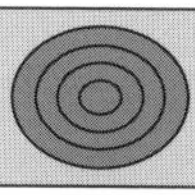	失見当期 (Disorientation)	10時間	2,000万人
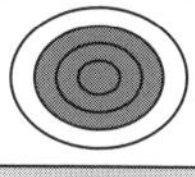	緊急対応期 (Response)	100時間	350万人
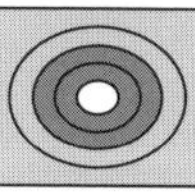	応急対応期 (Relief)	1,000時間	150万人
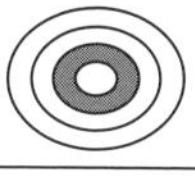	復旧・復興期 (Recovery, Reconstruction)	10,000時間	1.5万人

出典：林　春男『いのちを守る地震防災学』岩波書店，2003年，p.61より作成

図表９－４　災害対応の４つのフェーズ

ない状態である。社会に対して情報発信する立場のメディアや災害対応機関が組織的な対応を開始して何が起きたかを把握するには，それなりの時間が必要である。組織立った行動がとられていない災害発生直後には「情報空白期」が生まれてしまう。そのため最初の災害対応活動は「失見当期」を脱して，何が起きたのかについての状況認識を関係者で統一することである。

この時期において，「いのちを守るための避難」が被災者にとって重要な対応になる。日本語の「避難」には英語でいう「Evacuation」と「Sheltering」という2種類の意味があり，災害対応における混乱を招いている（図表9-5）。Evacuationは「いのちを守るための避難」，Shelteringは「仮の生活を支えるための避難」である。「いのちを守るための避難」には，屋内待避，垂直避難，水平避難の3種類が存在する。従来，避難とは立去り避難を意味し，指定された避難所・場所などに避難をする「水平避難」が推奨されていた。しかし原子力発電所事故ではプルームの飛散を避けるためにいたずらに外に出歩かずに屋内の安全な場所に留まる「屋内待避」が推奨されている。また，平野部での津波避難や土砂災害の場合では，短時間で安全な場所に移動するため，自宅や近くの建物の高層階へと避難する「垂直避難」が提唱されている。いの

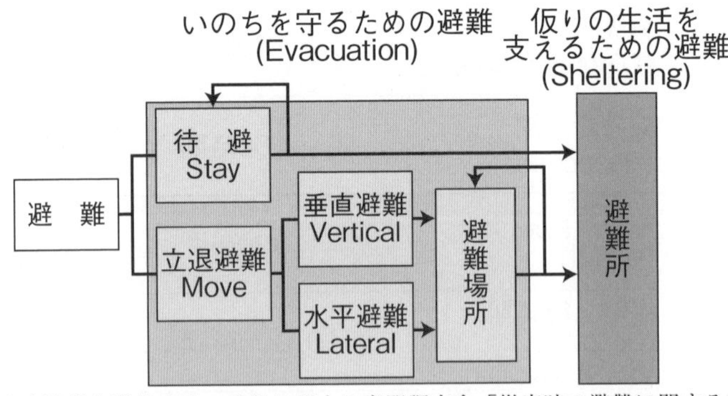

出典：中央防災会議災害時の避難に関する専門調査会「災害時の避難に関する専門調査会報告～誰もが自ら適切に避難するために～」2012年より作成

図表9-5　安全行動としての避難の考え方

ちを守る避難と一言でいっても，ハザードに応じてさまざまな種類があり，状況に応じて適切な安全確保行動をとる注意が必要である。

(2) フェーズ1：緊急対策

次のフェーズは，発災から最初の100時間ほどであり「被災地社会の成立期」でもある。4種類の被災者の内，恐怖心のみの被災者は被害がなかったため，この時点でその人にとっての災害は終了する。しかし，残り3種類の被災者にとっては，依然としていのちの危険に対する救助・救出などの対応が続くため，結果として物理的に被災地の外縁が明確になる。

救命・救助を考える際に，ニーズと対応資源の非代償性も重要な観点である。代償とは「目標を達成するために払ったもの。失ったもの。代価。」(大辞林) である。災害時には，さまざまなニーズが同時多発するが，それに応えるだけの資源がそもそも存在していないことを非代償性と呼ぶ。救急車の出動を例に考えてみよう。

総務省消防庁がまとめた平成30年度救急救助の現況によれば，年間634万2,147件の救急出動を6,329台の救急車でこなしている。平均すれば1日当たり1台の救急車が2.75回出動していることになる。内閣府防災担当の推定によれば，M7.3の首都直下地震が発生すると最悪で2万人の死者に加えて約12万人の負傷者が発生するとされている。負傷者の25%が救急搬送を必要と仮定すると，首都直下地震で被害が出ると予想される埼玉・千葉・東京・神奈川の1都3県にある1,188台の救急車は1日当たり25.3件出動することが必要となる。通常の出動件数の9.2倍となる。平時でも1件の出動に平均48分かかるので，1日20時間以上稼動する必要がある。しかも災害時の交通渋滞を考えると容易には救急車は来ないと言わざるをえない。こうした対応資源の非代償性考えると，公助だけでは不十分であり，自助や共助の拡充が必要となる。

このフェーズでの中心的な活動が「いのちを守る活動」である。いのちを守るうえで重要な概念にGolden 72 hours rule（黄金の72時間の法則）というものがある。図表9－6は，1995年阪神・淡路大震災における神戸市消防局による救助活動の推移である。発生から最初の5日間に活発な救助活動が行われたことがわかる。グラフの右にある割合は生存救出率を表しており，1日目は80%，2日目25%，3日目は20%だが，4日目から5%まで急激に落ち込んでしまう。統計学では5%は生存が期待できないことを示す値である。言い換えれば，世界の救命救助の研修で引用されるこのデータは，命を助けるには発災から72時間という上限が存在していることを示している。その間に一人でも多くを救助するためには，当然消防を中心とする公助の力だけでは限界がある。阪神・淡路大震災の際には2万人以上が救助を必要としたといわれている。神戸市消防局による救助総数は2,000名程度にすぎないので，救助の大部分が，地域コミュニティの力，互助の力を利用して命を守った事実が明らかになる。

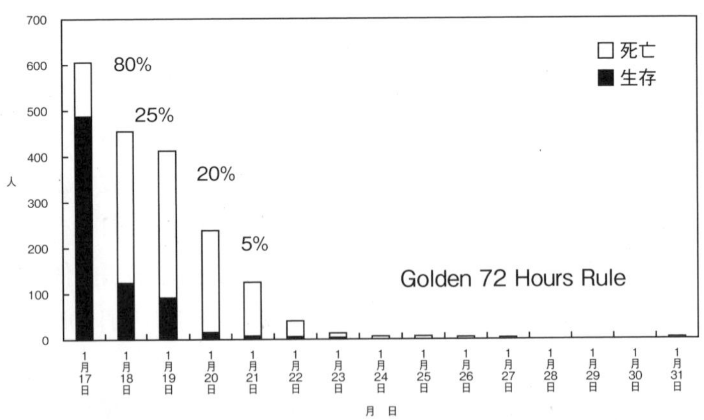

出典：阪神・淡路大震災における神戸市消防局の救助活動，1995年より作成

図表9－6　1995年阪神・淡路大震災における神戸市消防局による救助件数

（3）　フェーズ２：応急対応期

災害後100時間から1,000時間くらいまでの時期においては，社会のフロー復旧が中心的となる。毎日の生活は人・モノ・金・情報の流れ（フロー）で成り立っている。それを支える電気・都市ガス・上下水道などのライフラインが停止し，鉄道の運休と道路の混雑のために生活支障が発生する。ライフラインの復旧過程を，阪神・淡路大震災の実態で見てみると，まず電気が戻り，次に水道，最後にガスの順に戻っていることがわかる（図表９－７）。電力は系統切り替えにより停電地域を限定化できる，架空線が多いため修理が容易であるという理由でサービスの回復は早い。それに対して水道と都市ガスは埋設管のため修理に時間を要する。水道のほうが復旧が早いのは，試験通水が可能だからである。ある程度修理が完了した段階で試験通水を行うと，もし修理すべきところが残っていれば漏水が発生する。その情報をもとに復旧をすすめることができる。一方都市ガスの場合は，管路の修復後，一度水を張り，漏水がないことを確認したうえで，水を抜き，サービス再開がなされるために，サービスの再開までにより長い時間を要するのが実態である。

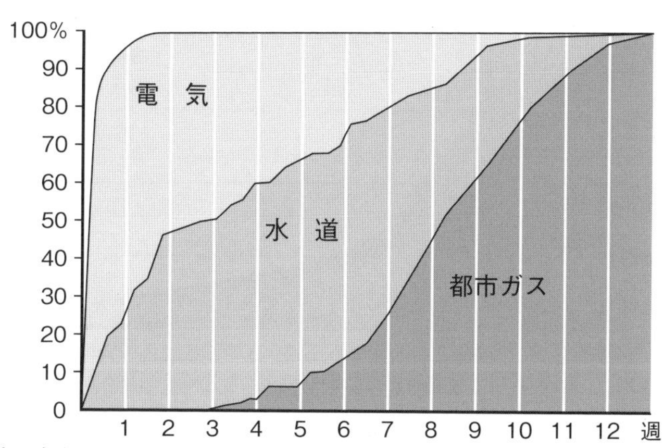

出典：阪神・淡路大震災調査研究委員会報告書「大震災に学ぶ」1998年より作成

図表９－７　1995年阪神・淡路大震災におけるライフラインの復旧過程

（4） 避難所における2種類の避難者

1995年阪神・淡路大震災では，現代日本において初めて約30万人を超す膨大な規模の避難者が発生し，「仮の生活の場としての避難所」が1,000カ所以上に開設された。この災害をきっかけにして，避難所の運営が地方自治体にとって最重要な応急対策となった。

阪神・淡路大震災における神戸市での避難者に関するデータを見ると，濃いグレーと薄いグレーの2種類の避難者がいることがわかる（図表9－8）。濃いほうは配給された弁当の数による避難者数（配布した弁当の総数÷2）で，薄いほうは，避難所に寝泊まりしている人数であり，その差は最大で8万人ほどあった。

神戸市はこの2種類の避難者のうち，最終的に，弁当の数による避難者数を「避難者」と呼び，避難所に寝泊まりした避難者を「就寝者」と呼んで区別をした。その理由は，ライフラインの供給停止のため，家に被害がなくても炊事ができないからである。そのため，神戸市は国への

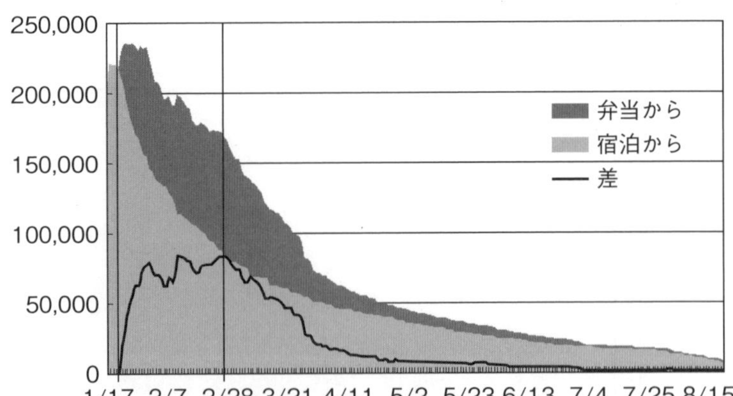

出典：林　春男『いのちを守る地震防災学』岩波書店，2003年，p.101より作成

図表9－8　1995年阪神・淡路大震災の際の神戸市の避難所での2種類の避難者

費用の申請もあり，避難所の就寝者ではなく弁当数を「避難者」として定義することになった。

図を見ると，発災から最初の１週間は就寝者のほうが避難者よりも多い。しかし，１週間を過ぎたところで避難者数が就寝者を上回る。その理由は「あそこに行くと弁当がある」ということで被災地で暮らす人びとがみんな避難所に来るようになったからである。ライフラインサービスが止まっている間は，就寝者の倍くらいの弁当数が必要だった。この意味では，避難所はもちろん仮の就寝先であるが，同時被災地の災害対応拠点でもあり，まさしく「仮の生活を支える」ための生活拠点であり，情報拠点なのである。

またこの時期に特徴的なのが，ライフラインが停止した状況で生まれる人びとの助け合いである。避難所では，多くの人びとが互いに助け合う姿やボランティアによる支援があふれ，被災者の体験談でも「人の温かさ・優しさに触れることができた」という感想も多い。日常の価値観とは異なり，だれもが平等という原始共産制ともいえる世界の出現は「災害ユートピア期」（ユートピア：理想郷）と名付けられており，世界中の大規模災害の被災地で繰返し出現している。一方で，被災者には「割を食いたくない」という心理や不公平への反発が基底にあったことも忘れてはいけない。

（５）　避難所での実態

阪神・淡路大震災の時は，被災者には「就寝者」「避難者」という２種類の被災者がいる状況を理解できなかった。被災者は公平性を強く求めていた。その一例として，避難所での物資配給を見てみよう。図表９－９は1995年１月21日時点で，避難所となった神戸市長田区のある中学校の教員室に掲げられていた「共通理解ルール」である。このルールに

必要とする係：総務・食糧・物資・名簿・連絡・救護

- 犬猫など動物類は校舎内にいれない。
- 校舎内は火気厳禁！タバコ・ローソク・ガスコンロ等。
- 配給食糧・物資は、全員に配給できるまでしない。
  どうしても配給する場合は、代表者を集めて理解と協力を得てからにする。
- 消灯→夜１１時（１／２１から夜１０時）
  教室は消灯し、ろう下はつけておく。体育館・格技室は照明をおとす。
- 放送→夜１１時（１／２１から夜１０時）　夜間の問い合わせは、明朝まとめてする。
- 電話→受信のみとする　（１）だれをさがして欲しいのか、住所・名前を聞く。
  （２）放送をして呼び出して「伝言」を伝えるだけです。連絡先や名前を聞く。
  （３）呼び出しても来られない場合もありますが、あしからず。
- 公衆電話－発信したい人→ジョイプラザ３階、新長田駅等を紹介するだけで、電話は緊急用です。
- 食糧等の優先順　（１）校舎内の人　（２）グランド、自動車の人　（３）公民館、天理教、ガレージの人　（４）近隣
- 近隣の人－最低限の配布にしておく（水・おにぎり）－本校の人より不満が出る。
- 生理用品・ミルク・おむつ－救護室へ（希望者へどうぞ）
- 職員室の電気はつけておく－盗難防止（グランドの食糧等）
- トイレ－１階２ケ所。大便のみバケツの水で流す。
- 記録ノートに記入　・特に救援物資の搬入と氏名。　・仕事をした人達の所属と氏名。
- 救援物資は、職員室のダンボールやグランドで品種別に分類。
- 全員腕章をする。
- ガーゼ交換は午前中ですませる。
- 避難を出る場合は、代表者と本部に伝えてから出る、どこに行くかも聞いておく。
- ９時・１５時　代表者と打ち合わせ会　　健康・要望・依頼伝達
- トイレ清掃　１０：００・１５：００・１８：００　放送
- ＴＥＬ時間　６：００～１１：００

出典：林　春男『いのちを守る地震防災学』岩波書店，2003年，pp.105-108より作成

図表９－９　1995年阪神・淡路大震災時の神戸市長田区のある避難所運営のための共通理解ルール

従うと，避難者が1,000人いて，おにぎりが100個しか来なかったら，誰にも配られず，最終的には捨てられてしまうことになる。なぜそんなにもったいないことをするかといえば，誰に配るべきかのルールが確立していないからである。どうしても配る時には，避難者の代表を集めて理解と協力を得てからにすると決められている。食料の配給順も決まっていて，校内の人，グラウンド・自動車の人，公民館・天理教・ガレージの人，そして近隣の人となっていた。公民館・天理教・ガレージの人とは，神戸市が指定した避難所ではないが多くの人が集まった耐震性のある建物であり，追加で避難所に指定された場所を指す。

最後に配布するのが，近隣の人である。近隣の人には最低限の配布で，水とおにぎりしかあげないと明記されている。なぜならば，中学校に避難している就寝者から不満が出るからである。「家は大丈夫なのに，弁当までもらいに来る。あつかましい」という評判になっている。その中で，ライフラインサービスが停止したため自宅で暮らす人も困っていて，同じ境遇であり弁当を必要としていることが理解されていない。しかしそれを理解させなければならない。これは公平性の問題である。

本章のはじめに，災害によって生まれた新しい現実への適応過程の第一歩は，新しく生まれた現実の姿を把握し，関係者間で共有することであると述べた。その必要性は応急対応のすべての段階に当てはまる。災害発生直後からそのための情報処理の仕組みが必要となるのは，このような事実からも理解することができる。

（6） 時間経過にともなう被災者の移動

阪神・淡路大震災において，被災者は公称350万人であるが，避難所を利用した人はその１割にも満たない約30万人であった。それでは残りの人たちはどこにいるのであろうか。図表９-10は心理的な時間経過を示す対数軸に沿って，災害発生後10時間，100時間，1,000時間，5,000時間（半年）の４時点で被災者の居場所を調査をした結果である。災害発生後100時間までは避難所に１割以上の人がいるが，その後急速に避難所にいる人の数は減っている。一方自宅にいる人は，災害後100時間でも６割，災害後1,000時間になると７割を超えている。

自宅に７割，避難所に１割しかいないとすれば，残りの２割の人はどこにいたのかをみると，血縁，勤務先，友人という個人の縁を頼っていたことがわかる。この比率を，自助・共助・公助にあてはめると，自助・共助・公助の割合は７：２：１となる。つまり「自助ヲ覚悟スル」「共助ノ環境ヲツクル」「公助ハ期待シニクイ」というのが災害対応の

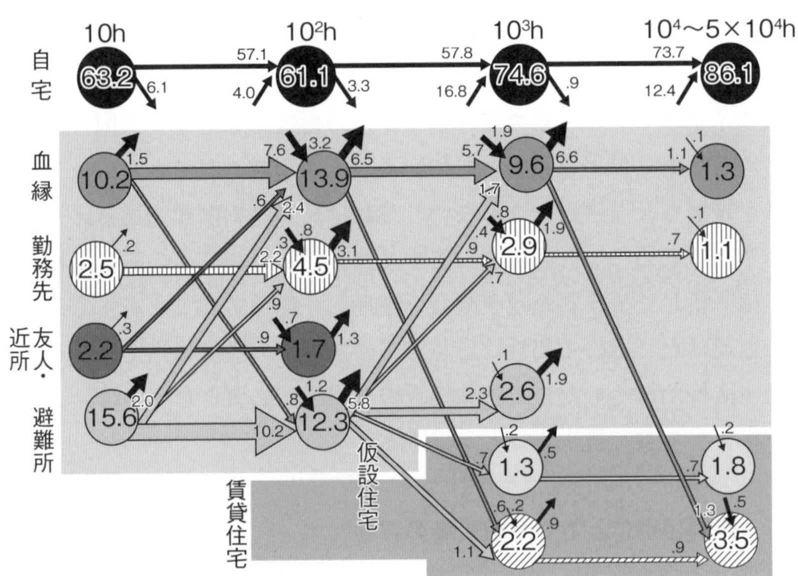

注：n ＝950，単位％　.5（n ≧ 5）のもの
出典：林　春男『いのちを守る地震防災学』岩波書店，2003年，pp.172-175より作成

図表９-10　時間経過にともなう被災者の移動

現実だと考えることができる。

（７）　応急対応において市民が持つべき目標は何か

ここまで災害発生後の応急対応を段階的に見てみると，住民が災害前の備えとして何をすればいいのかが見えてくる。まず一つめは，死んではいけない，ケガをしてはいけない，ということの重要さがわかる。そのためには，家屋の層破壊（そうはかい）を避けることである。

図表９-11は，阪神・淡路大震災の被災地である西宮市での家屋の層破壊写真である。すべての場所で少なくとも１人が亡くなっている。このように建物の１階部分が完全に破壊されてしまうと，生存空間がなく

出典：防災科学技術研究地震防災フロンティア研究センター提供

図表９-11　1995年阪神・淡路大震災における西宮市での人的被害が発生した家屋倒壊

なってしまうために25%程度の致死率を持つ非常に大きな危険である。

二つめの備えとして，「住まい」を確保することの大切である。そのためには，火災を起こさない，地震で住宅を全壊させない，できれば「地震で立て直す必要のない住宅」に住む必要がある。

三つめの備えとして，お互いに助け合うことの大切である。つまり，互助，共助であり，コミュニティの大切さである。先ほどの避難所の話でも明らかなように，公平性を基本とした人と人のつながりが必要である。同時に今まで以上に，行政とも付き合う必要が生まれるため，互助や共助と公助を上手に組み合わせて，災害発生からの応急対応期を乗り切らなければならないことがわかるだろう。

10 対応力の向上─復旧・復興

林　春男

《本章の目標＆ポイント》　「パート２：災害レジリエンスの向上」の５回目。第９章に続き，レジリエンスを高めるための対応力について考える。本章では，社会のストックの再建を目指す復旧・復興について，その過程が初めて科学的に検討された阪神・淡路大震災を具体的事例として解説する。
《キーワード》　復旧・復興，３つの復興目標，社会基盤の復旧，物理的再建，経済再建，生活再建，生活再建７要素

1．フェーズ３：復旧・復興期

（1）　復興計画の基本構造

本章では，前章に続き「対応力の向上」についてとりあげる。前章では，災害発生後のフェーズ０，フェーズ１，フェーズ２についてとりあげたので，本章では，最終フェーズであるフェーズ３について述べる。フェーズ３は，災害からの復旧・復興を成し遂げる時期である。生活支障だけの被害にとどまった人は，ライフラインが戻るフェーズ２の終了とともに災害対応はほぼ終わってしまう。ここから先は，「住まいの被害を受けた」ことを中心に甚大な物的被害を受けたことが大前提であり，いわゆる社会のストックの再建の時期である。ここでいう社会のストックはインフラや構造物といった物理的なものだけでなく，そこに暮らす人びとの生活も含まれる。したがって，物理的な再建だけでなく，人生の再建，生活再建の時期となる。このフェーズは，完成までに最も長い時間を必要とする。本章では10年間を要した復興過程の全体像が初めて

科学的に検証された1995年の阪神・淡路大震災を例にして，災害からの立ち直りの過程を検討する。

(1) 災害からの立ち直り過程における「復旧」「復興」の違い

災害は大規模で急激な環境変化であり，災害は新しいしかも理不尽な現実をつくりだす。そのため，災害からの立ち直りの過程は，災害によって生まれた新しい現実への適応の過程であると考えることができる。

災害の発生によって，災害前の現実と災害後の現実の間にずれが生まれる。それは，災害で変わらなかったもの，災害で喪失したもの（哀しむべきもの），災害で生まれたもの（学ぶべきもの）の３種類で構成される（図表10-１）。災害からの立ち直りの過程で，私たちは，このずれの意味を一生懸命学習していく。その過程を通して，失ったものを嘆き・悲しみ，新しきものに慣れ，変わらなかったものに感謝するのが適応の過程である。

災害前の現実と災害後の現実のずれの大きさが適応のあり方を規定している。災害前と災害後の現実のずれが小さければ，新しい現実を発災

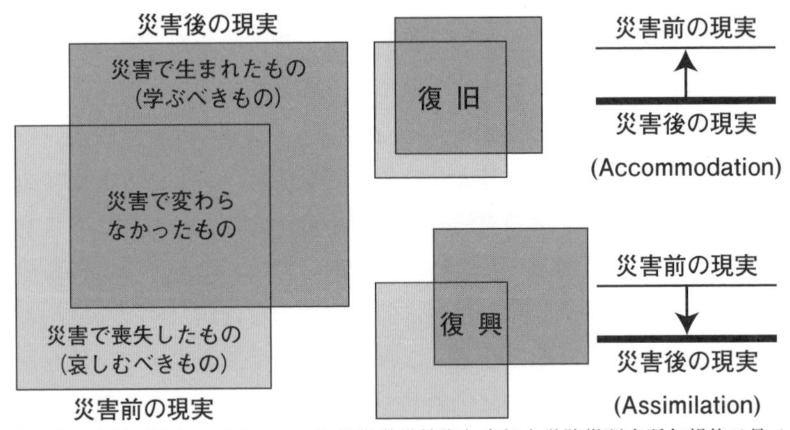

出典：林 春男「災害レジリエンスと防災科学技術」京都大学防災研究所年報第59号 A，2016年より作成

図表10-１ 災害前の現実と災害後の現実のずれ

前の現実と整合させる（調整：Accommodation），つまり復旧となる。現実のずれが大きければ，新しい現実に合うように発災前の仕組みを変更する（同化：Assimilation）。復興となる。つまり災害復興は，災害が生み出した新しい現実の中で持続可能（Sustainable）な生き方を見つけることであり，当然，新しい現実のずれが大きい「復興」の方が難しくて，時間がかかるといわれている。

2. 阪神・淡路大震災からの復興が教えてくれるもの

（1） 復興計画の構造

1995年に発生した阪神・淡路大震災からの復興計画では約1,000の事業が実施されている。その構造を考えてみると，図表10-2に示すような三層構造をしている。一番基底にあるのは社会基盤の復旧である。神戸のような完成した市街地では，一から新しくまちを作り直すことは不可能であり，社会基盤の機能回復は基本的に災害発生前の状況への「復旧」となる。これは他のすべての復興に向けた活動を推進する礎となる。

その上の二層目には，図の右側に物理的な意味での都市の再建がある。

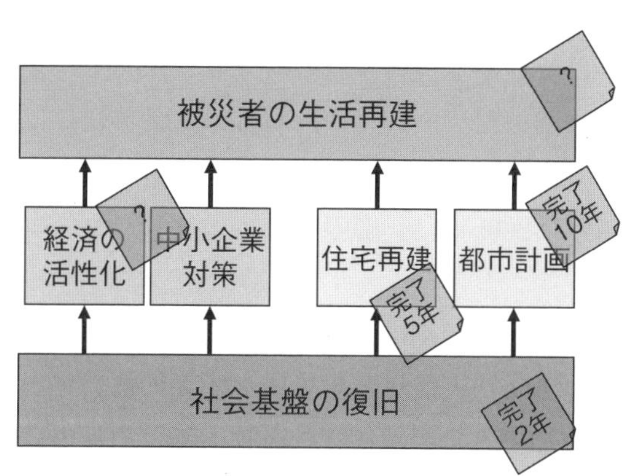

出典：林　春男『いのちを守る地震防災学』岩波書店，2003年，p.119より作成

図表10-2　1995年阪神・淡路大地震からの復興計画の構造と復興完成までにした時間

具体的には住宅を造り，都市計画を推進する事業群である。同じく二層目の左側には，経済の再建がある。被災地域の主要産業を活性化する仕事ももちろん重要であるが，大企業だけでなく，地域の産業の大部分を占める中小企業対策を行うことも大切である。これら都市の再建と経済の再建が達成されることが，一番上の層である，被災者の生活再建が成立する前提となる。三層構造を持つ復興事業は，下の階層から一つずつ順番に実施すればいいという意味ではなく，三層全部の事業に同時に取りかからなければならない。ただし，事業の完成は下から順番となる。そのため，生活再建の完成が一番遅いと考えられる。

(2) 阪神・淡路大震災からの復興過程

阪神・淡路大震災における復興の完成状況を三層構造に照らし合わせてみると，一番下の社会基盤の復旧に約2年を要した。もっとも時間のかかったのは神戸港の機能回復で，災害後18カ月で完了した。二層目右側の住宅の再建については，11万戸滅失した住宅を5年で再建した。都市計画もほぼ10年で完了した。二層目の左側の経済再建は，バブルがはじけて景気が失速し「失われた20年」に入った時期とちょうど重なり，災害から10年目に行われた復興検証の時点では復興したかどうかよくわからないといわれていた。いわんや三層目の生活再建には，被災者の2割は，その時点で復興が達成したとはいいがたい状況だった。このようななかで，兵庫県は2005年に一応の復興宣言をし，マスコミは8割復興と呼んだ。

本章で紹介した復興モデルは，2011年に発生した東日本大震災にも援用できるが，阪神・淡路大震災と東日本大震災の被害の出方に大きな違いがあることを踏まえる必要がある。阪神淡路大震災では揺れによる建物被害が「まだら」に発生したのに対して，東日本大震災では津波によって海岸沿いが面的に破壊された地域が多い。そのため東日本大震災からの復興においては将来の津波に備えてより安全な地域づくりを進めるために，社会基盤のたんなる復旧ではなく，社会基盤の計画的再配置を考えるべきだった。残念ながらそれができずに，社会基盤の復旧に終わってしまっていることも，東日本大震災の復興が遅れていると言われる一因だと考えられる。

（3）　復興にあたって達成すべき3つの目標

復興にあたって，物理的な都市再建以外に，経済再建と生活再建を，復興の目標にしたのは，阪神・淡路大震災が初めてであった。創造的な復興を実現するためにはこの3つの目的の実現が必要であると復興計画では謳っている。図表10-3は，都市再建，経済再建，生活再建という3つの目標の相互関係を示している。復興にあたってもっとも注目し重視すべきは経済再建である。災害で疲弊した地元の経済をどのような方法で活性化するかの検討である。その手段として，公金を投入することが可能な都市再建がある。経済再建を促進するような社会基盤の再建や

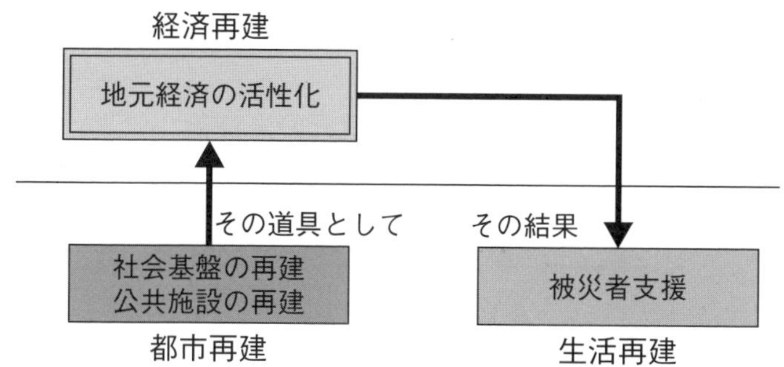

出典：林　春男「災害レジリエンスと防災科学技術」京都大学防災研究所年報第59号 A，2016年より作成

図表10-3　復興にあたって達成すべき3つの目標の相互関係

公共施設の再建事業の実施である。その結果経済再建が順調に進めば，税収の増加によって被災者支援に対する財源も確保され生活再建も促進されるといえる。

現実の災害復興事例を見ると，上記の考え方を実現したものは少ない。その背景に，復興担当者からすれば，公金の投入が可能な都市再建の部分は自分たちが直接コントロールできる部分が多い。それに対して経済再建は，多くのステイクホルダーが関与する開放系の分野で，自分たちのコントロールが及びにくいところもある。そのためか，公金投入によるトリクルダウン効果を強調する。しかし，これが必ずしも経済再建の有効な手段とならないことを考慮しない事例も多いのが現状である。

（4）　経済再建の3つのパターン

阪神・淡路大震災からの経済再建の過程をみると，そこに図表10-4に示すような，3つのパターンがあることが明らかになった。一つめは，発生直後にブームが起きる業種である。その典型が建設業である。阪神・淡路大震災の被災地は年間2万棟の建て替え需要が存在する成熟市場だったが，震災によって11万棟が滅失した。つまり，一時的に11万棟

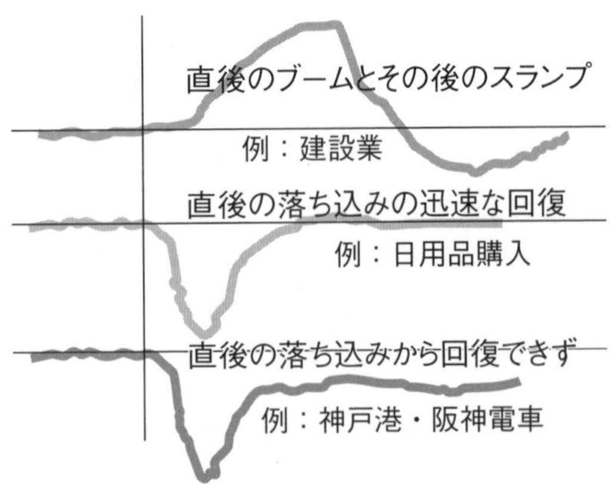

出典：林　春男「災害レジリエンスと防災科学技術」京都大学防災研究所年報第59号 A，2016年より作成

図表10-4　経済再建に見られる3つのパターン

分の建て替え需要が生まれたわけである。普通に考えれば，６年分の需要が生まれたことになる。しかし現実には全国から建設業者が集まり，震災から３年半で15万棟の住宅を建ててしまった。このことは，それ以降の数年分の建て替え需要がなくなってしまったことを意味している。つまり建設ブームの後に大スランプが訪れている。そのため震災後５年目から７年目にかけて，地元の建設業はほとんど軒並みつぶれてしまった。一人ひとりが一日でも早い復興を望むことはやむを得ないとはいえ，地域の産業保護・育成という観点からはブームの発生は危険である。

二つめのパターンは，いわゆるスーパーマーケットのような小売業である。日用品の購入は基本的に近所で行う。そのため小売業の売り上げは震災直後はぐっと落ち込んだが，震災から９カ月もたたないうちに元に戻っている。日常的な消費は想像以上に早く回復するといえる。

三つめのパターンは，震災後にぐっと落ちこむ点は同じだが，落ち込んだまま元に戻らない業種の存在である。その典型が神戸港の輸出入であり，阪神電車の乗客数である。神戸港の機能停止によって，神戸港を利用していた輸出入貨物は他の港を利用せざるを得なくなった。震災発災当初は釜山港，上海港など外国に利用が移行すると心配されたが，結果として大阪港や横浜港の利用が増加した。問題は神戸港が機能を回復した後，大阪港や横浜港に流れた荷物の一部は神戸に戻ることはなかった。

大阪と神戸を結ぶ阪神本線も大きな被害を受けたために半年近く全面運休した。その間に，大阪と神戸間で競合路線を持つJR西日本と阪急電車を利用していた利用者は，阪神電車が運転再開をしても，戻ってこなかった。

神戸港や阪神電車の例は，競争相手（コンペティター）がいる業種においては，災害による機能停止は利用者離れにつながり，機能を回復した後に利用者を戻すことが難しいことを示している。これが経済再建の特徴である。それを避けるには，事業者が高い事業継続能力を持つことが重要となる。

3. 復興における新しい課題としての生活再建

(1) 生活再建の仕組み

阪神・淡路大震災からの復興事業が始まった時に，誰一人として生活再建とは何かがわからなかった。災害発生から5年が経過して神戸市が復興の中間検証をした時も，生活再建とは何かを誰も明確に定義できなかった。生活再建につながると思えることはとにかく何でも実施するという方針で活動がなされたが，何が有効なのかがよくわからない状況だった。そこで神戸市では「わからないときは被災者本人に聞こう」ということで，被災者を集めた草の根ワークショップを開き，生活再建とは何かを問うた。被災者自身や生活再建関係者から得られた1,623件の回答を整理したところ，生活再建が完了するためには，図表10-5にあ

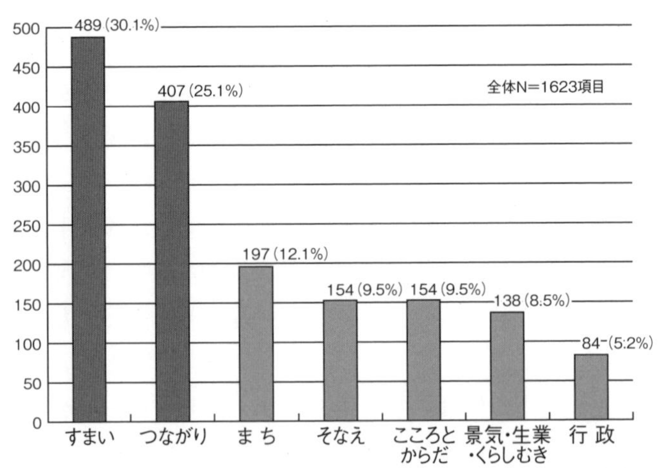

出典：林　春男『いのちを守る地震防災学』岩波書店，2003年，p.139より作成

図表10-5　阪神・淡路大震災から5年後の復興中間検証で明らかになった生活再建の構造

る７つの要素が戻る必要があることがわかった。

生活再建要素の中でもっとも多かったのが「すまい」であることは，住宅再建が復興の中心課題となることからも，誰もが納得できる。しかし２番目に，人と人の「つながり」がきたことは，当時大きな驚きだった。多くの被災者は被災した後，避難所で過ごし，仮設住宅に移り，災害から５年くらいで恒久住宅（＝ずっと住むことができる住宅）に移った。阪神・淡路大震災では，約５万5,000棟の仮設住宅，３万8,000棟の恒久住宅が造られた。多くの被災者は震災発生からの５年間に３回程度引越しを経験することを余儀なくされた。

阪神・淡路大震災の際は，避難所から仮設住宅，仮設住宅から恒久住宅への引越しは，抽選によってほぼランダムに引越し先が決められた。被災者にとって引越しは，それまでの人間関係が壊れ，また新しい人間関係をつくり直すことを意味する。ある程度落ち着いたらまた引越しでそれまでの人間関係が壊れ，またつくり直すことを多くの被災者に強いたのである。引越しにより人間関係が破壊されて，また一から作り直すという体験を，５年程度の短期間に何度も経験した人たちが出した答えが，独りでは生きていけない，人と人のつながり，いいかえればコミュニティがなければ生活再建が完了しないという答えだった。この点はコミュニティがつなぐ安全・安心を考えるにあたって重要なポイントである。

３番目の「まち」は，物理的な意味でのコミュニティの再生である。自分の家だけが立ち直るだけでは駄目で，自分の家を取り囲むまちなみや街灯，インフラに当たる道路などが立ち直って初めて復興したことになる。２番目の人と人との「つながり」，３番目の物理的な「まち」といずれもがコミュニティにとって大切な要素である。

４番目の「そなえ」は，災害ゆえの特徴だと考えることができる。二度と同じ目に遭いたくないと思う気持ちが，次の災害への備えをしなければならないという決意につながっている。

５番目の「こころとからだ」は，こころとからだのストレスの問題である。「からだ」のストレスと「こころ」のストレスを比較すると，精神的なストレスの影響のほうがより身体的なストレスも影響が，長期にわたることがわかった。

６番目は「景気・生業・くらしむき」である。生活再建を進めるにあたって必要となる「先立つもの」としての収入の確保の重要さである。そのためには安定した収入を確保できる仕事を見つけることが生活再建にとって重要である。

最後の７番目は，「行政」との関わりである。一般的に，都市生活者は行政との関わりがきわめて薄い。ところが，災害後は各種の支援を受けるための手続きも含めて，さまざまな局面で行政と付き合わなければならなくなる。その時，行政の性質を十分理解し，行政と上手に付き合うことができると，非常に強力な支援源を得ることになる。一方で行政による支援を過大視したり過小視したりすると，行政との関わり自体が被災者にとって大きなストレスになり生活再建を妨げる要因ともなる。

（２）　レジリエンスの概念による生活再建７要素の整理

上に述べた生活再建の７要素とレジリエンスという概念の関連を考えてみると，図表10-６のように整理できる。防災対策の「そなえ」は防災固有の問題であると考えることができるが，それ以外の６つは，人生の中で苦境に立ち向かい，それを乗り越える上での基本的レジリエンスの構成要素であると考えることができる。

基本的レジリエンスも三層構造になっている。一番下にあるのはどういう「まち」に住むかという選択の問題である。都市整備のあり方や行政サービスの内容をもとに人は地域を選択をすると考えると，魅力的な社会基盤を提供するところを人は選択すると考えられる。まちの魅力はレジリエンスという観点からも重要である。

二層目には，基本的レジリエンスの一番核となる個人の生活基盤である。その中心はどうやって確実な収入が得られる仕事を確保するか，どのようなすまいに住むかということが重要になる。職業選択によって居住地が決まることが多いことを考えると，この2つは関連している。自分の生活基盤の強固さが，レジリエンスの強さを決める中心となると考えることができる。それはまちの選択にも影響する。

三層目は，個人が持つ資源である。健康と人間関係の豊かさはレジリエンスにとっても大事である。魅力的な社会基盤を提供するまちに住み自分の職と住まいを安定させ，よい人間関係にめぐまれ，心身の健康が確保されている人は災害にも強いことになる。このように整理すると「当たり前だ」という意見もあるかもしれない。しかしそれらすべてを備えた人は思ったほどに多くないかもしれない。だとすれば，これら6要素が基本的レジリエンスの構成要素であると認識したうえで，それぞ

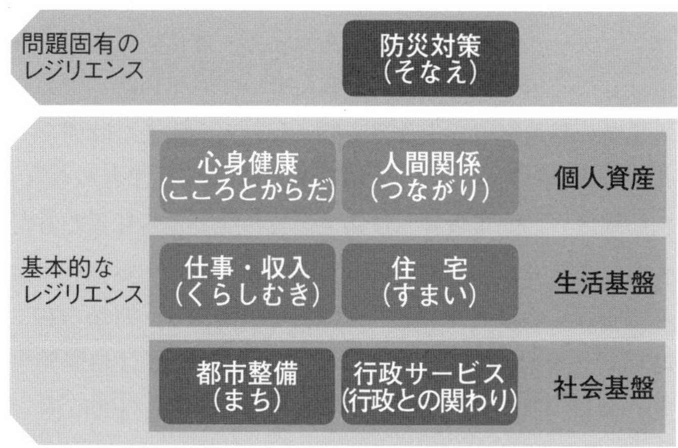

出典：林　春男「災害レジリエンスと防災科学技術」京都大学防災研究所年報第59号 A，2016年より作成

図表10-6　レジリエンスの構成要素としての生活再建7要素

れの要素を少しずつでも強化・向上させる試みを継続することはレジリエンスを向上させるうえで非常に重要なことであるといえる。

(3)　復興カレンダー

復旧・復興に関する被災者の想いや行動が，災害発生後，時間経過とともにどのように変化していったのかを尋ねることで，被災者の生活復旧・復興過程の全体像を明らかにすることを試みた。

阪神・淡路大震災をはじめとするさまざまな災害の被災者へのインタビュー結果から，多くの被災者が生活の復旧・復興の節目となったと感じた6つのイベント（気持ち・行動・状況等）を抽出して，それらのイベントがいつごろ発生したのかについて回答してもらった。具体的な質問文は次のとおりである。「被災地の人たちがどのように復旧・復興するかは，ほとんど知られていません。あなたの気持ちや行動が，最も被害・影響の大きかった地震発生後，時間とともにどのように変化してきたのか，ふり返ってみてください。それぞれについて，カレンダーの番号に○をつけてください」と尋ね，災害発生以降の「カレンダー」項目に○をつけるかたちで回答してもらった。

復興カレンダーとしてまとめるにあたって，閾値の考え方を利用した。具体的には6つのイベントのそれぞれについて，早い時点での回答から遅い回答までの累積グラフを作り，50%目の人が答えた時間をそのイベントの復興時間とした。得られた結果が図表10−7にまとめられている。

図の細い線は，1995年阪神・淡路大震災の発災から10年たった時点での復興カレンダーである。太い線は，2004年新潟県中越地震の発災から2年たった時点での復興カレンダーである。横軸は，左から右に地震発生後の時間経過を対数で表している。横軸左端の10^0は地震発生後1時間を表し，以降，10時間（地震発生当日），10^2時間（100時間：地震発生後2～4日間），10^3時間（1,000時間：地震発生後2カ月），10^4時間（10,000時間：地震発生後1年），右端が10^5時間（100,000時間：地震発生後10年）を表している。縦軸は「横軸の各時点において，そう思った／それを行った（それらの気持ち・行動・状況が発生した）」と回答した人の割合を表している。

まず①の「仕事／学校が元に戻った」は，200～300時間の災害ユートピアの時期で50%を超えて一応落ち着いていく。その次は，1,000時間から10,000時間の時期において，④の「毎日の生活が落ち着いた」，②の「住まいの問題が最終的に解決した」，③の「家計への震災の影響がなくなった」が50%を超えて戻っていく。これらがある程度戻っていくと，災害から1年目（10,000時間）前後に，⑤「自分が被災者だと思わなく」なり，そして，⑥「地域経済が震災の影響を脱する」までには

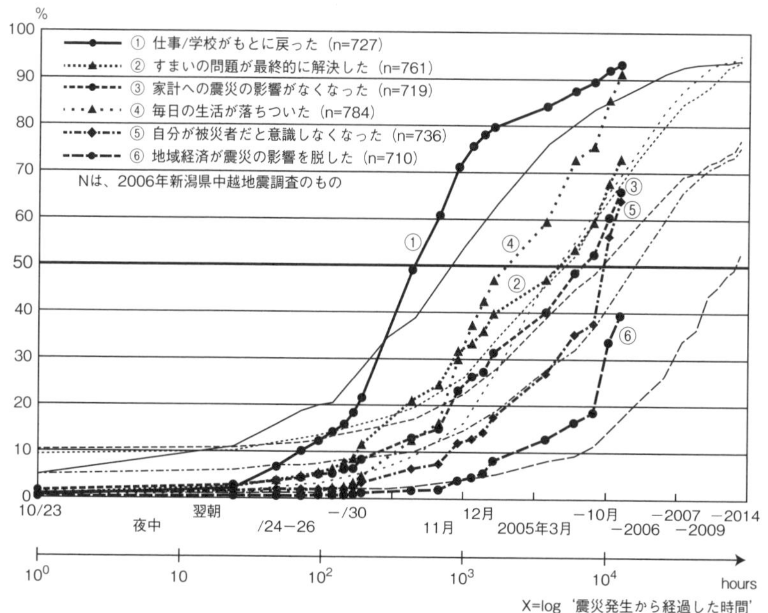

注：06新潟（太線・マーカー付き）・05新潟（細線）・05阪神（極細線）との比較
出典：林　春男「災害レジリエンスと防災科学技術」京都大学防災研究所年報第59号 A，2016年より作成

図表10-7　災害からの復興過程の時間的な特徴

数年単位の長期的な時間がかかることが明らかになる。阪神・淡路大震災でも新潟中越地震でも上に述べた復興の順番は変わらなかった。一方で災害の規模に応じて，全体として復興の立ち上がりのスピードは随分異なることも明らかになった。

この結果を新潟県中越地震の対応を指揮した新潟県の泉田裕彦知事（当時）に見てもらったところ，「阪神・淡路大震災よりも早いのですか」と新潟県中越地震から復興過程の進捗状況を客観的に理解してもらうことができた。本章のはじめに，阪神・淡路大震災からの復興10年時点でマスコミが８割復興だと報じたのは，この復興カレンダーにおいて，④「家計への影響」と⑤「被災者だと意識しなくなる」というのが震災後10年で８割前後であったこととも連動している。これが「８割復興」という報道の根拠となっているともいえる。

またこの復興カレンダーを見ると，⑥「地域経済の立て直し」は家計への影響や被災者としての意識の２項目よりももっと復興が遅く，震災後10年目の時点でも５割ぐらいで留まってしまっている。それを根拠として兵庫県は，震災後10年目に，さらにそこから６年間「震災フォローアップ」として地域経済の立て直しを行うこととなった。復興カレンダーは，さまざまな災害で検証しているが，いつも安定した答えが出ているために，復興過程の一般性を検証するための有効な指標だと考えている。

4. 災害対応業務としての生活再建の実現のあり方

（1） 生活再建業務は地方自治体にとって２大災害対応業務の一つ

これまで被災者の視点から生活再建に焦点を当てて紹介したが，最後に，自治体にとっての生活再建業務についてふれたい。2016年に発生した熊本地震において，８万5,000人の行政職員が短期派遣職員として被災地の応援に行った（図表10-８）。彼らが応援した業務は２つ大別できる。一つめは避難所運営であり，もう一つは罹災（りさい）証明の発行に関わる業務であり，どちらも約４万人が従事している。避難所運営業務については一般的にイメージしやすいと思われるが，罹災証明を発行がそれほど多数の応援が必要な重要な業務であり，生活再建を推進するための第一歩でもあるということはほとんど認識されていない。

災害発生後に罹災証明の発給することは市町村長の義務である。図表10-９に示すように，2013年に災害対策基本法の一部を改正する法律案が成立し，市町村長は災害による被害の程度等に応じて罹災証明を遅滞なく交付しなければならなくなり，被災者台帳を作ることができることになった。

そのため，現在罹災証明の発給は市町村が義務としてやるべき業務で

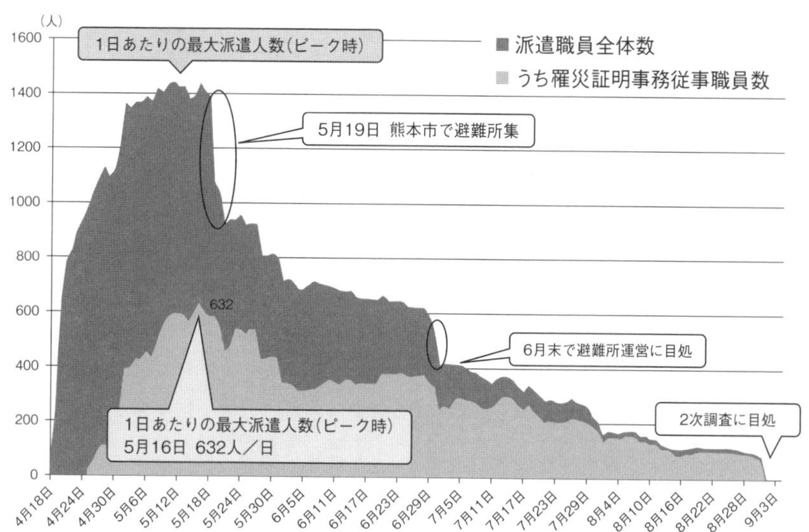

注：避難所運営や行政窓口業務の応援職員として，全国の自治体職員が熊本県へ派遣された（ピーク時は1,440人（5/11））。そのうち，罹災証明事務等に延べ約３万７千人が従事した（ピーク時は632人（5/16））。被害認定調査の２次調査件数が増加したため，８月末までの派遣が行われた。
出典：2016年内閣府防災担当作成資料より作成

図表10-８　2016年熊本地震の際の地方自治体職員による短期派遣の様相

背景

- 東日本大震災を踏まえた法制上の課題のうち、緊急を要するものについては、昨年６月に行った災害対策基本法の「第１弾」改正にて措置したところ。その際、改正法の附則及び附帯決議により引き続き検討すべきとされた諸課題について、中央防災会議「防災対策推進検討会議」の最終報告（同年７月）も踏まえ、さらなる改正を実施するもの。

法律案の概要

1 大規模広域な災害に対する即応力の強化等

- 災害緊急事態の布告があったときは、災害応急対策、国民生活や経済活動の維持・安定を図るための措置等の政府の方針を閣議決定し、これに基づき、内閣総理大臣の指揮監督の下、政府が一体となって対処するものとすること。
- 災害により地方公共団体の機能が著しく低下した場合、国が災害応急対策を応援し、応急措置（救助、救援活動の妨げとなる障害物の除去等特に急を要する措置）を代行する仕組みを創設すること。
- 大規模広域災害時に、臨時に避難所として使用する施設の構造など平常時の規制の適用除外措置を講ずること。等

2 住民等の円滑かつ安全な避難の確保

- 市町村長は、学校等の一定期間滞在するための避難所と区別して、安全性等の一定の基準を満たす施設又は場所を、緊急時の避難場所としてあらかじめ指定すること。
- 市町村長は、高齢者、障害者等の災害時の避難に特に配慮を要する者について名簿を作成し、本人からの同意を得て消防、民生委員等の関係者にあらかじめ情報提供するものとするほか、名簿の作成に際し必要な個人情報を利用できることとすること。
- 的確な避難指示等のため、市町村長から助言を求められた国（地方気象台等）又は都道府県に応答義務を課すこと。
- 市町村長は、防災マップの作成等に努めること。等

3 被災者保護対策の改善

- 市町村長は、緊急時の避難場所と区別して、被災者が一定期間滞在する避難所について、その生活環境等を確保するための一定の基準を満たす施設を、あらかじめ指定すること。
- 災害による被害の程度等に応じた適切な支援の実施を図るため、市町村長が罹災証明書を遅滞なく交付しなければならないこととすること。
- 市町村長は、被災者に対する支援状況等の情報を一元的に集約した被災者台帳を作成することができるものとするほか、台帳の作成に際し必要な個人情報を利用できることとすること。
- 災害救助法について、救助の応援に要した費用を国が一時的に立て替える仕組みを創設するとともに、同法の所管を厚生労働省から内閣府に移管すること。等

4 平素からの防災への取組の強化

- 「減災」の考え方等、災害対策の基本理念を明確化すること。
- 災害応急対策等に関する事業者について、災害時に必要な事業活動の継続に努めることを責務とするとともに、国及び地方公共団体と民間事業者との協定締結を促進すること。
- 住民の責務に生活必需物資の備蓄等を明記するとともに、市町村の居住者等から地区防災計画を提案できることとすること。
- 国、地方公共団体とボランティアとの連携を促進すること。等

5 その他

- 災害の定義の例示に、崖崩れ・土石流・地滑りを加えること。
- 特定非常災害法について、相続の承認又は放棄をすべき期間に関する民法の特例を設けること。等

出典：http://www.bousai.go.jp/taisaku/minaoshi/pdf/kihonhou_01_1.pdf をもとに筆者加筆

図表10-９　生活支援のあり方を規定した2013年の災害対策基本法の一部改正案

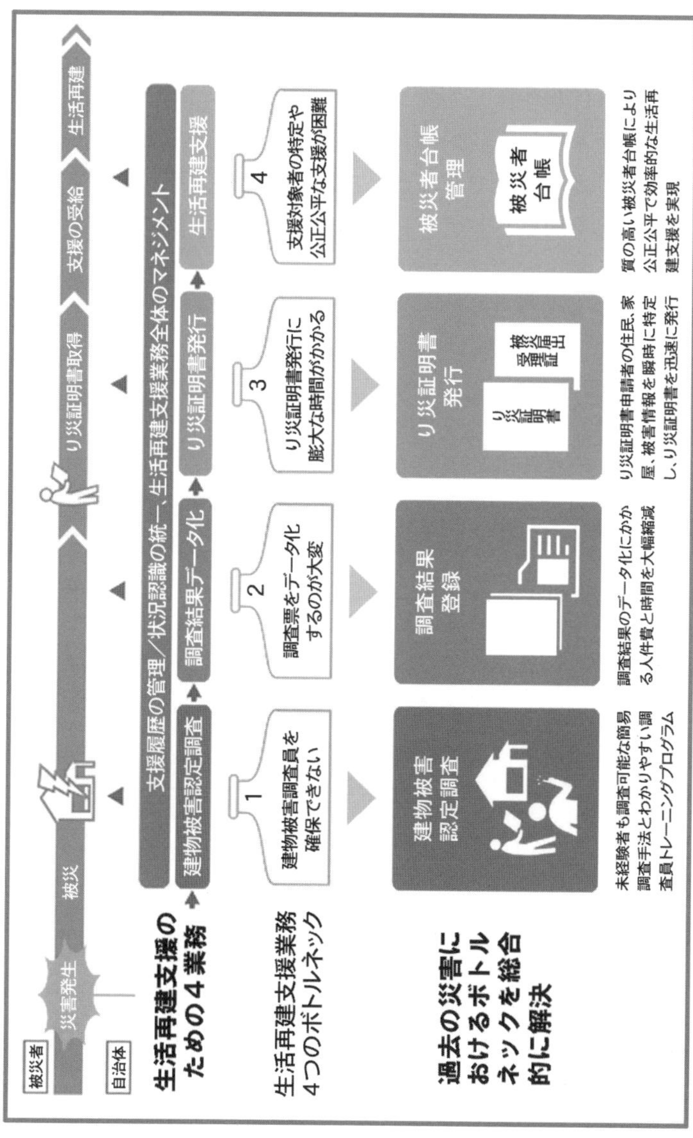

出典：筆者作成

図表10-10　生活再建支援システムの概要

あると規定されているが，災害現場となる市町村ではあまり理解が浸透していない現状がある。筆者の研究チームでは，法改正前から，罹災証明をもとに被災者台帳を作りヌケ・モレ・オチのない生活再建を実現するために，まず住家の被害認定調査を実施し，その結果をデジタルデータベース化して，誰がどこでどのような被災したか，を示す罹災証明を発行するシステムを開発した。そして罹災証明発行を被災者台帳を構築する最初で最大の機会として，被災者台帳によってさまざまな支援をひも付ける仕組みを構築し，いくつもの災害で実際に，災害対応支援を行ってきている。

2016年に発生した熊本地震では，17の被災自治体がここで紹介する筆者らが開発した生活再建支援システムを使って罹災証明を発行した（図表10-10)。このシステムは単なるコンピュータ上のシステムではなく，それを活用して，初めて大規模な災害対応を経験する地方自治体職員でも効果的に業務を遂行できるように，職員の研修のシステム（図表10-11）

出典：生活再建支援連携体提供

図表10-11　2016年熊本地震発災（4月18日）から1週間後に熊本県庁で開催された被災自治体向けの生活再建支援業務の研修会の様子

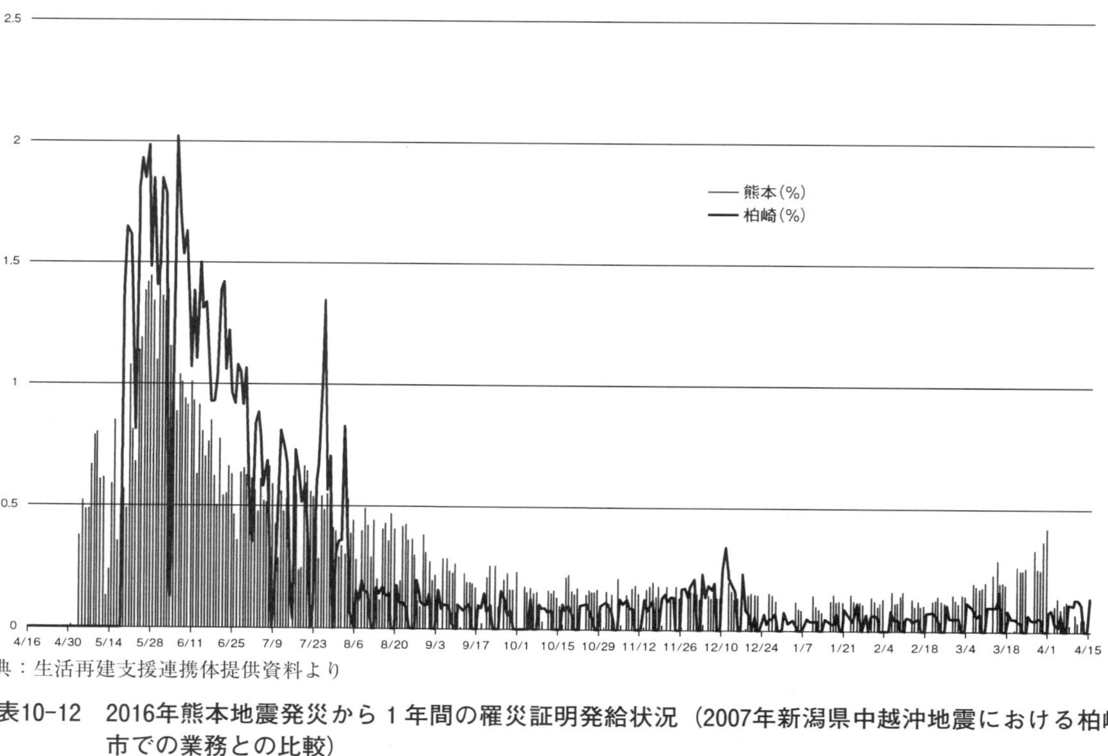

出典：生活再建支援連携体提供資料より

図表10-12　2016年熊本地震発災から１年間の罹災証明発給状況（2007年新潟県中越沖地震における柏崎市での業務との比較）

の提供を始め，罹災証明発行会場のレイアウト設計，生活再建支援担当者の悩みに応えるコールセンターの設置に加えて，各被災地自治体での今後の生活再建戦略の決定も支援している。一例として，熊本県益城町では，役場の建物が被災したために，初めての事例として，屋外での罹災証明書発行を行った。

2016年熊本地震に関する罹災証明の発給状況を図表10-12に示している。棒線は2016年熊本地震，折れ線はこの種の最初の試みとなった2007年新潟県中越沖地震での柏崎市における発災から1年間の罹災証明発給状況の時間的推移を示している。どちらも罹災証明発行が始まった直後に大量の業務集中が発生すること，しかも継続的に発行していかなければならない点は共通した特徴である。しかし，熊本地震では，4月18日の発災から2週間で罹災証明の発行が始まっている。柏崎市では発給までに1カ月を要したのに比べると，最初の試みがなされてから10年間で，10倍以上の規模の被害に対しても，半分の時間で罹災証明の発給が可能になっている。しかし，将来予想される南海トラフ地震や首都直下地震で想定されている膨大な被害に対しては，現在のシステムではまだ能力が足りないのも事実である。今後とも，過去の災害での業務の遂行状況を教訓としながら，より効果的な生活再建支援の実現法を探ることは重要な研究テーマである。

引用文献

●林 春男『いのちを守る地震防災学』岩波書店，2003年
●林 春男「災害レジリエンスと防災科学技術」京都大学防災研究所年報第59号 A，2016年

パート3　これからのコミュニティレジリエンス

11 個人のレジリエンスを高める

林　春男・奈良由美子

《本章の目標＆ポイント》 本章は「パート３：これからのコミュニティレジリエンス」の初章にあたる。レジリエンスはさまざまなレベルで成立する概念である。この章では，その中でもっとも基本となる個人のレジリエンスを扱う。一人ひとりが苦境を乗り切る力をつけることを大切とするセリグマン（M. Seligman）のポジティブサイコロジー（Positive psychology）を紹介しながら，個人のレジリエンスを構成する６つの能力，レジリエンスを発揮するための７つの技術を説明する。
《キーワード》 いろいろなレベルのレジリエンス，セリグマン，ポジティブサイコロジー，ABC モデル，苦境，信念，行動，問題解決能力，自己効力感，現実的楽観主義

1．個人のレジリエンス

（1） コミュニティをとらえ直す

パート１では，災害，コミュニティ，レジリエンスという３つのキーワードを考えた。社会の不可逆的変化がコミュニティおよび災害にどのような変化を及ぼしたかをおさえ，これからはレジリエンスという考え方が必要となると提起したのがパート１である。続くパート２では，レジリエンスの観点からこれまでの防災を振り返り，予測力・予防力・対応力について考えるということで全体をみてきた。

パート３では，災害に対するレジリエンスを高める観点から，もう一度コミュニティをとらえ直してみたい。パート２で，レジリエンスを高

めるには予測力・予防力・対応力を総合的に高めることが必要であると述べてきた。この考え方によりながらコミュニティの力を高めることは，防災分野での言い方をすれば，自助・互助・公助・共助をどう高めていくのかということに言い換えられる。パート３では，レジリエンスを高めるためのコミュニティのとらえ方や意義に再検討を加えるとともに，コミュニティレジリエンス向上のための具体的な方策も考えていきたい。

その出発点として，まずは，レジリエンスはいろいろなレベルで成立する概念であるということを共有しておこう。

（２）　コミュニティレジリエンスのフレームワーク

レジリエンスはいろいろなレベルで成立する。図表11-１は，国際赤十字が提示しているコミュニティレジリエンスのフレームワークである。レジリエンスが成立するレベルとしては，個人のレベルもあれば，家庭のレベルもあるし，近隣のような生活圏レベルもある。地方自治体や国

出典：国際赤十字ホームページより作成

図表11-１　コミュニティレジリエンスのフレームワーク

家という国レベルもある。また，たとえば国際赤十字連盟のような国を超えて世界規模で活動する団体もある。それから，たとえばオセアニアやアメリカ，アフリカ，ヨーロッパといった地域（Region）のレベルもある。さらには，Globe という意味での世界のレベルもある。

このようなレジリエンスのレベルと本章パート3の構成とは以下のような対応になる。まず，一人ひとりの視点から見て，自分が直接関わりを持つ身近な生活圏レベルでのレジリエンスがある。これは防災における自助・互助・共助・公助からいえば，自助・互助に相当する世界がしっかりしていることを意味する。そこで，まず本章では個人のレベルに焦点をあて，個人のレジリエンスを考えてみる。また，第12章では近隣に焦点をあてコミュニティデザインの試みを扱うこととする。

それから，国のレベルでのレジリエンスがある。市町村や国，あるいは組織・団体のレベルのレジリエンスは，公助に相当する。自助や互助と同様に，公助をどのように強くするかということも重要であり，そのための災害対応の標準化について本書の第13章で検討することとする。

さらに，災害が起きるまではまったく見知らぬ人との間でも助け合いがあり，インターネットの普及とともにその範囲は地球規模まで広がっている。これは防災にあっては共助を意味する。阪神・淡路大震災が発生した1995年はボランティア元年とも名付けられたように，被災地では共助が生まれた。2011年の東日本大震災ではそれが世界規模まで広がってきている。このレベルでのレジリエンスを高めることも重要であり，共助ができるしくみや条件の整備もまた重要となる。そこで第14章では，知らない人でも助け合えるような合意を作ることができる主体的な参画手法としてのワークショップについて考えたい。

さて，国際赤十字はコミュニティレジリエンスの背景となる「コミュニティ」について，次のような6つの特徴を掲げている。第1に，コミュニティは空間を共有してもいいし，必ずしも共有しなくてもいい。つまり，地域的なコミュニティもあれば，テーマ的なコミュニティもある。第2にコミュニティは文化を共有している。第3にコミュニティは資源を共有している。第4にコミュニティはリスクを共有している。第5にコミュニティは自然災害を共有している。そして第6に，コミュニティは政治経済問題を共有している。つまりコミュニティとは，空間またはテーマを共有し，同じ文化や資源を持ち，同じリスクや自然災害にさらされ，同じような政治経済問題をかかえる存在である。いいことも悪いことも共有しているところがコミュニティのポイントということになる。言い換えれば，コミュニティが共有する苦境を解決する力としてコミュニティレジリエンスをとらえることができる。

2. 個人のレジリエンスをどう高めるのか

(1) セリグマンの問題提起

コミュニティレジリエンスの基本単位は個人のレジリエンスとなる。ここからは，個人のレジリエンスをどう高めるのかについて，セリグマン（Martin Seligman）のポジティブサイコロジー（Positive psychology）で扱われているレジリエンスモデルを紹介しながら考えていく。

セリグマンはアメリカの心理学者である。1998年にアメリカ心理学会（APA）の会長に就任した際の就任演説で，彼は「これからはポジティブサイコロジーだ」と宣言した。

そのときのセリグマンの演説は以下のような内容であった。

「心理学は今まで人間を癒やすこと，ダメージを修復することに専念してきた。特に太平洋戦争以降の40年間はそうだった。しかし一方で，その40年間のアメリカを見ると，歴史上一番強くなって，経済的にも恵まれていて，たいへんポジティブなはずだが，実は抑うつ症も10倍

に増えている。特にそれが若い人たちに広がっていて，決して健全とはいえない状態になっている。このギャップは何なのか。心理学は病や病気をどうしたら軽減できるか，どうしたら治せるのかということを一生懸命やってきたが，普通の人たちがもっと幸せに暮らす，充実した人生を送れるために何ができるかということについては，ほとんど何も考えてこなかったではないか。」

こう総括したうえでセリグマンは，ポジティブサイコロジーの創設を提唱している。

（2）　セリグマンのポジティブサイコロジー

セリグマンの考えるレジリエンスは，人生の苦境（Adversity）を乗り越える力のことである。ここでいう人生の苦境には3つの基本的な場面がある。一つめは幼児期の体験，二つめは人びとが日々経験するようなごたごたや人間関係の問題など，そして三つめは人生の転機となる挫折である。たとえば試験に落ちる，仕事でしくじる，大病を患う，離婚する，災害に遭うといったような，それまでの人生のコースがすっかり変わってしまうような体験があてはまる。

これら3種類の苦境は，人生の中で多くの人が遭遇する。これをうまく切り抜ける人もいれば，切り抜けられない人もいる。前者が個人のレジリエンスが高い人ということになる。換言すれば，個人のレジリエンスが発揮されるのが，上述の3つの場面ということである。ではどうすれば個人のレジリエンスを高められるのか。これを明らかにしようとするのがポジティブサイコロジーのミッションである。

（3）　ABCモデル

ポジティブサイコロジーにおいてレジリエンスの基本枠組みは，

「ABCモデル」として図表11-2のように示されている。Aは苦境（Adversity），Bは信念（Belief），Cは結果（Consequences）を意味している。

このモデルにおいて，あるA（苦境）に接したことにより生まれる感情や行動がC（結果）である。すなわち結果（C）とは，目に見える今の状況である。このとき，同じ苦境（A）に接しても，人によって結果（C）が異なる。強い怒りを感じる人もいれば，抑うつになる人もいる。なかには，平気でいられる人もいる。そうした結果（C）の違いを決めているものがB（信念），すなわちその人が苦境をどのように解釈するかである，ということをこのモデルは示している。つまり，苦境（A）についての信念（B）のあり方を変えることが結果（C）を変えることになり，それが個人のレジリエンスを高めるうえで重要だ，とこのモデルは主張する。

（4） 個人のレジリエンスを構成する能力

セリグマンによると，個人のレジリエンスは，図表11-3に示すよう

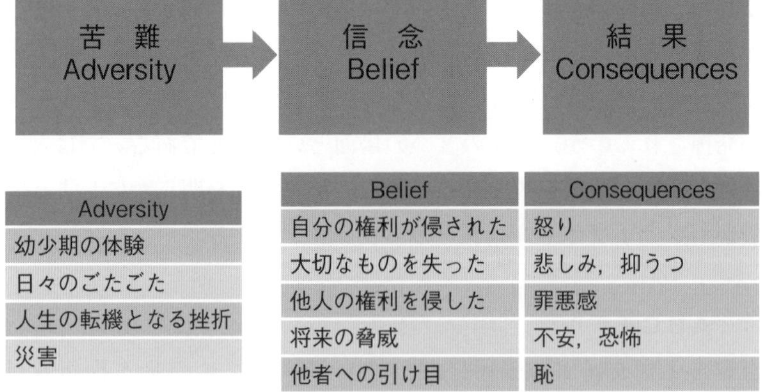

苦　難
Adversity
信　念
Belief
結　果
Consequences
Adversity
幼少期の体験
日々のごたごた
人生の転機となる挫折
災害
Belief
自分の権利が侵された
大切なものを失った
他人の権利を侵した
将来の脅威
他者への引け目
Consequences
怒り
悲しみ，抑うつ
罪悪感
不安，恐怖
恥

出典：K. Reivich & A. Shatte（2003）The Resilience Factor: 7 Keys to Finding Your Inner Strength and Overcoming Life's Hurdles, Harmony より作成

図表11-2　ABC分析モデル

な能力群から構成されている。これらの能力は，具体的な問題解決レベルにおける能力と，もっと広範に広がる世界観レベルにおける能力とに大別される。さらに，それぞれのレベルにおいて，自分自身にむけた能力と，他者に向けた能力に区別される。問題解決能力レベルでいえば，自分自身をコントロールできる自制心を持っていること，環境が提起する課題に対して柔軟な思考力を発揮できて，かつ他の人の知恵も組み込めるような対人力を持っていることがレジリエンスの高さの表れである。世界観レベルでいえば，自分について自己効力感を持ち，環境に対しては現実的楽観主義であることが重要となる。

上述の能力は，たとえば次のように表現できよう。人生で苦境に遭遇したら，まず落ち着いて，柔軟にものを考える。他の人の知恵も借りる。問題に取り組むにあたって，自分はやればできるのだ，という気持ちをいつも忘れずに，世の中何とかなるという気持ちを持ち続ける。こういう心構えを持つことが苦難を上手に乗り越えるための秘訣なのである。

逆に言うならば，そういう心持ちをしている人は，いろいろな新しい

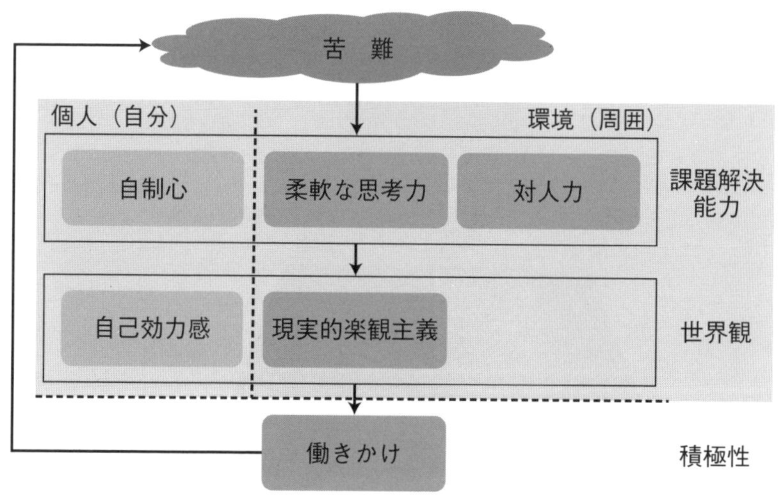

出典：K. Reivich & A. Shatte（2003） The Resilience Factor: 7 Keys to Finding Your Inner Strength and Overcoming Life's Hurdles, Harmonyより作成

図表11-3　個人のレジリエンスを構成する要素

課題に直面したときでも積極的に環境に働きかけるので，結果として自分にとって有利な状況になりやすいといえる。これがレジリエンスを構成する6つの能力である，というのがセリグマンらの考えである。

(5) 個人のレジリエンスを高める技術

セリグマンは，個人のレジリエンスは高めることが可能であるとして，そのための次の7つの技術を提唱している（図表11-4）。すなわち，第1は，ABC分析を行うこと，第2は最初のABC分析を見直すこと，第3はそれまで気づかなかった新しいABCに気づくこと，第4は思考を一旦停止し，気分を変えること，第5は信念（B）についての情報をさらに集めること，第6は結果（C）を悪く考えすぎないこと，そして最後に，最初のABC分析が有効だと思ったら自分の信念を貫くこと。

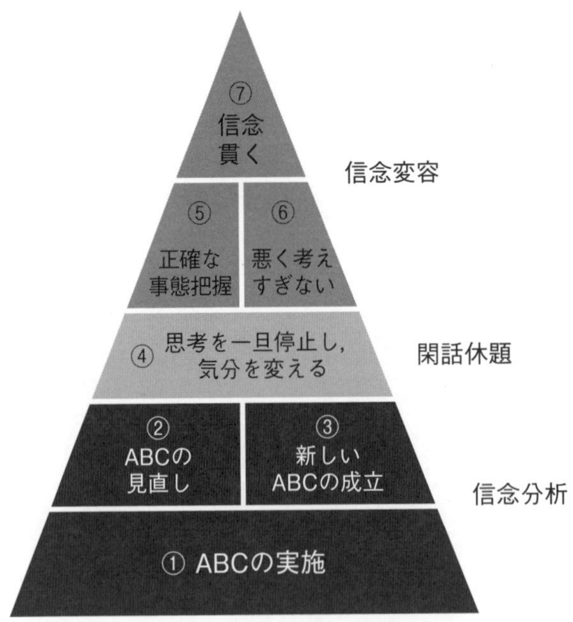

出典：R. Jackson & C. Watkin（2004）“The resilience inventory: Seven essential skills for overcoming life's obstacles and determining happiness Selection & Development Review, Vol. 20, No.6, 13-17. をもとに筆者作成

図表11-4　個人のレジリエンスを高める7つの技術

一見矛盾するこうした7つの技術を実際に苦境に遭遇した際にどのように使うべきかについても，図表11-5に示すような意思決定トリーとして説明している。

苦境に遭遇して最初にやるべきこととして，まずABC分析がある。苦境をどう解釈するかによって，生まれる感情や行動が異なるという見方をする。ABC分析をした段階で，今の苦境から生まれる感情や行動（C）に対する解決（B）が決まる。次は，自分にどれだけの時間的余裕があるかいなかによって，とるべき対応は変わってくる。以下，十分な時間がある場合と，ない場合にわけて，対応方法を見てみよう。

ア．十分な時間がある苦境の場合

十分時間がある場合に，まずすることは最初に行ったABC分析を見直すことである。そう解釈したのは早とちりではなかったかを改めて問

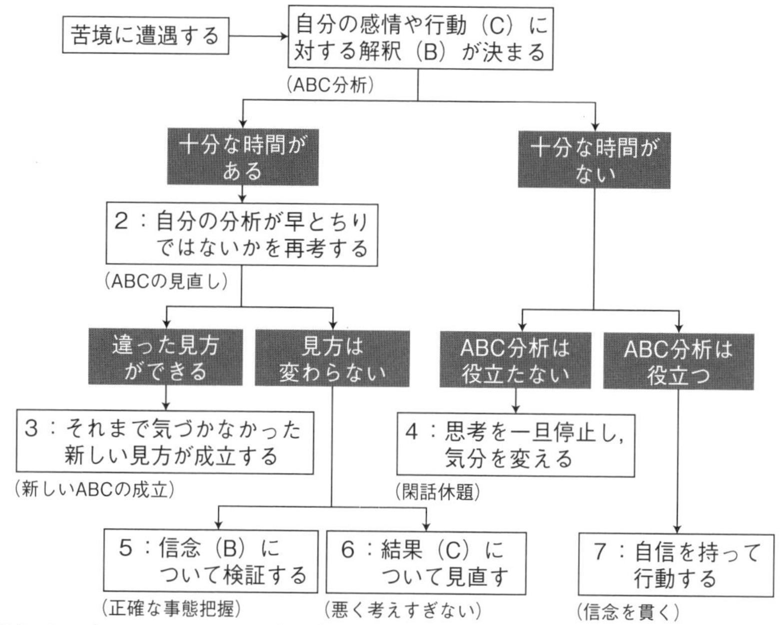

出典：R. Jackson & C. Watkin（2004）"The resilience inventory: Seven essential skills for overcoming life's obstacles and determining happiness Selection & Development Review, Vol. 20, No. 6, 13-17. をもとに筆者作成

図表11-5　個人のレジリエンスを高める7つの技術の使い方

うことである。そのとき最初の見方とは異なる見方ができるようになるのであれば，新しい見方にもとづいてABC分析が見直され，それまで気づかなかった潜在的な信念（B）に気づくことができる。

最初のABC分析を見直しても，見方が変わらないならば，さらなる検討が必要となる。災害にあって将来に脅威を感じて不安になっている人を考えてみよう。今の状況を好ましいと思わず，ABC分析の見直しをしても，この見方が変わらない場合は，信念（B）かあるいは結果（C）のいずれかについて，さらに検討することが求められる。自分の信念（B）について検討することは，「なぜ」将来に脅威があると思うのか，その解釈は妥当なのかについて，さらに情報収集して理解を深めることになる。一方結果（C）について検討することは，考えすぎて不安をどんどん助長するのではなく，現実的に被害を分析したり，他の人と比較したりして，結果を悪く考えすぎないように心がけることである。

イ．十分な時間がない苦境の場合

ABC分析をした後十分な時間がない場合には，まずABC分析が実際の対応に役立つかどうかを考える。ABC分析が役立たないと感じるならば，思考を一旦停止して，そこで一息入れ，気分を変えることが勧められている。ABC分析が役立つと感じるならば，自分の分析に自信をもって信念を貫くことが勧められている。

このようにレジリエンスの実際の発現の仕方には，いろいろな形があるというのがセリグマンの考え方である。共通するのは，つらい状況に対しても，それを解決すべき具体的な問題と見なして解決のために努力し，自分の中で折り合い付けることができる人がレジリエントな人間ということである。

（6） 災害をどうとらえるか

これまでの内容を踏まえ，災害に遭遇した個人のレジリエンスを整理しておきたい。まず，災害は人生にとって数ある苦境（Adversity）の一種類である。したがって，個人のレジリエンスを高めることで私たちは災害を乗り切ることもできる。

ポジティブサイコロジーの考え方によれば，災害を乗り越えるために，以下のような対応が望まれる。

災害復興にあたって直面する具体的な課題の解決に取り組む際には，自分が抱く感情や自分がとる行動は，その原因であると自分が思い込んでいるものの性質によって決まることを理解する必要がある。したがって，結果を過度に悪く考えすぎないようにすると同時に，思い込みを変えるべく，落ち着いて，柔軟に問題をとらえ，みんなの知恵をあわせて問題を解決するアプローチを取れることが必要である。

世界観のレベルで言えば，状況はいつか良くなるという現実的楽天主義と，自分にはこの災害を乗り越えるだけの力があるという自己効力感を持てることが必要である。災害からの復興には長い時間を要し，いつまでつらい状況が続くのか先が見えない状況が続く。そうした中でも，帚木蓬生（2017）が「ネガティブ・ケイパビリティ」と名付けた「答えの出ない事態に耐える力」を持つことを意味する。

ポジティブサイコロジーの教えをまとめれば，災害を乗り切る力には，実際の課題解決のレベルの力と世界観のレベルの力との二種類があり，現実に対して積極的に働きかける必要がある，という主張である。

Columun

《学習性無気力》

セリグマンは最初からポジティブサイコロジーについて研究していたわけではない。うつ病と異常心理学に関する世界的権威であるセリグマンは，学習性無気力（Learned helplessness）に関する著名な研究者として知られている。学習性無気力とは，長期にわたってストレスを回避できない環境に置かれた人や動物は，その状況から逃れようとする努力すら行わなくなるという現象のことを言う。この現象の存在を，セリグマンは犬を被験体として用いた実験で明らかにした。

実験は2つのステップで構成されている（図表11-6）。まずステップ1として，犬に，何をしても電気ショックが止められないという経験を繰り返しさせる。つまり，ストレス回避が不可能であることを学習させる。ステップ2として，その状況が変わって，バーを越えて安全な所に行けば，電気ショックは回避できる状況を作る。しかし，今までいくらやっても電気ショックをコントロールできないことを学んでしまった犬は，逃げられる状況になったとしても逃げずにうずくまったままとなり，うつ病と同じ状態を呈する。すなわち，ストレスを回避する能力を自分は持たないことを学習してしまうことが，うつなどにつながっていくという知見が導かれた。

セリグマンはこのような研究の権威だったのである。彼自身が，どうして病になるのか，また病はどうしたら軽減できるか，治せるのかという視点で研究を進めてきたわけであるが，このような研究を積み重ねるなかで，別の視点からのアプローチによる心理学研究の必要性を認識し，本文にあるような宣言となったのである。

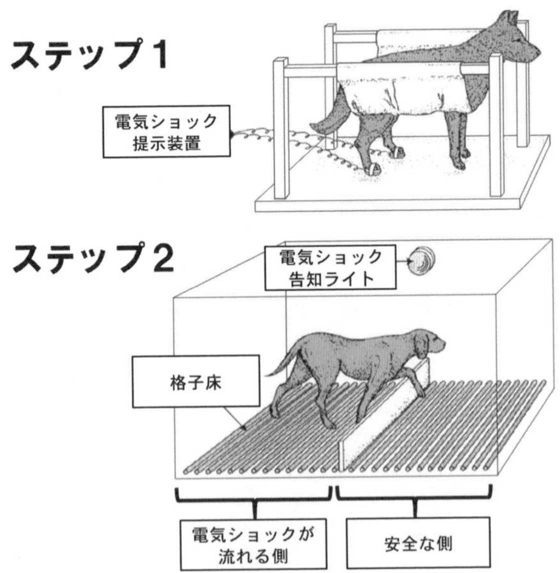

出典：Seligman & Maier Experiment（1967）実験の様子（Reeve，2009）より作成

図表11-6　セリグマン&マイヤーによる学習性無気力の実験

引用文献

●国際赤十字ホームページ
https://media.ifrc.org/ifrc/wp-content/uploads/sites/5/2018/03/IFRC-Framework-for-Community-Resilience-EN-LR.pdf

参考文献

●帚木蓬生『ネガティブ・ケイパビリティ　答えの出ない事態に備える力』朝日選書，2017年
●Martin Seligman（1999）THE PRESIDENT'S ADDRESS, American Psychologist, 1999, 54, 559-562
●R. Jackson & C. Watkin（2004）“The resilience inventory: Seven essential skills for overcoming life's obstacles and determining happiness Selection & Development Review, Vol. 20, No. 6, 13-17
●K. Reivich & A. Shatte（2003）The Resilience Factor: 7 Keys to Finding Your Inner Strength and Overcoming Life's Hurdles, Harmony）

12 地域・組織のレジリエンスを高める

林　春男・野口　和彦

《本章の目標＆ポイント》「パート３：これからのコミュニティレジリエンス」の２回目である。さまざまなレベルで成立するレジリエンス概念に関して，本章では，組織・地域社会レベルでのレジリエンスを扱う。コミュニティを活性化するうえでの多様性の大切さについて検討し，ファシリテータの役割に着目する。また，最近のコミュニティデザインの考え方を紹介する。
《キーワード》 まちづくり，地域づくり，組織変革，世間師（しょけんし），ファシリテータ，コミュニティデザイン

1．コミュニティのレジリエンス

（1）何がコミュニティレジリエンスを構成しているのか

コミュニティについて，国際赤十字連盟は文化，資源というポジティブなものの共有もあれば，リスクや災害，政治経済問題など，どちらかといえばネガティブな苦境に近いものを共有していると定義している（図表12-１）。そのためコミュニティレジリエンスでは，人びとが共有しているもの（コモンズ）は何かを理解することが大切である。共有するものが多いほど，その価値が高いほど，共有する人びとの関わり合いは強いと考えられる。そうした人びとがお互いに助け合えれば，コミュニティのレジリエンスは強いものになる。では，どうすればそれが強くなるのかをここでは考えていきたい。

何がコミュニティレジリエンスを構成しているのかという問題を考えるときに，第10章で紹介した阪神・淡路大震災からの復興の際に神戸市

民が示した生活再建課題の7要素はレジリエンスの7つの要素だと考えられると説明した（図表12-2）。

この7要素は災害からの復興段階で発現した要素であるために，災害固有のレジリエンス要素も存在していた。それ以外にもっと基本的な，人生の苦境全般に当てはめられるレジリエンス要素が6つあり，それは3層構造を成していた。一番基底に社会基盤，真ん中に生活基盤，一番上に個人資産という層である。一番基底になる社会基盤とは，どういうまち，どういう場所，どういう地域を暮らしを営む場として選択して暮らしていくかを考えることであり，その地域が提供する環境の豊かさや社会サービスの質を基準に選択がなされる。

レジリエンスのもっとも根幹をなすのは，2層目の自分の生活基盤である。どこから収入を得て，そのためにどこに住まうかという問題であ

出典：国際赤十字連盟
Community resilience framework: https://www.emv.vic.gov.au/CommunityResilienceFramework, IFRC: https://media.ifrc.org/ifrc/wpcontent/uploads/sites/5/2018/03/IFRC-Framework-for-Community-Resilience-EN-LR.pdf より作成

図表12-1 国際赤十字連盟が定義するコミュニティの構成要素

る。それによって自分の人生の苦境のありようの大半が規定されるため，非常に重要な問題となる。それから，一番上の個人資産として，心身の健康と人間関係の豊かさもレジリエンスの重要な要素となる。

この６つの要素がそろっていればレジリエンスが強くなり，災害を乗り越える大きな力となる。それと非常によく似た考え方が平時のコミュニティレジリエンスの構成要素の分析でも確認されている。国際赤十字連盟の例，あるいはオーストラリアのビクトリア州の危機管理局の例でも示されたように，コミュニティレジリエンスは神戸の例と同様に個人資産，生活基盤，社会基盤の３層構造から成り立つと考えられている（図表12-３）。オーストラリアのビクトリア州では防災のためのコミュニティレジリエンスを検討しているため，地域の防災力を高めるための７要素が提案されている。国際赤十字連盟は全世界を対象として，人生の苦境全体を視野に入れてコミュニティレジリエンスを６つの要素で分析している。

以下，国際赤十字連盟，ビクトリア州，阪神・淡路という三者の比較を通して，コミュニティレジリエンスの構成要素を検討する。

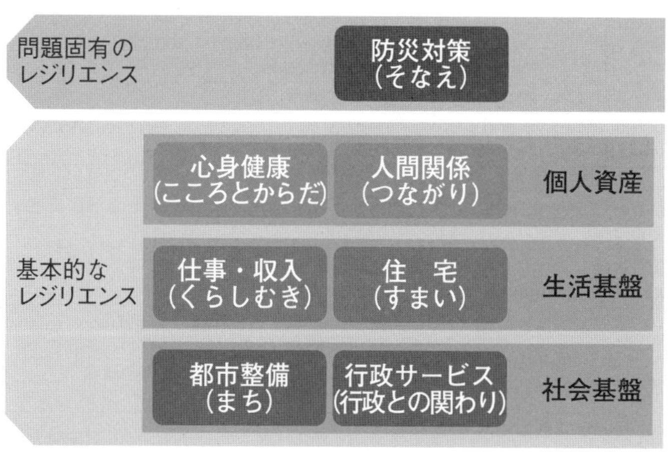

出典：林　春男「災害レジリエンスと防災科学技術」京都大学防災研究所年報第59号 A，2016年より作成

図表12-２　阪神・淡路大震災からの復興過程でのレジリエンスの構成要素

(2) コミュニティレジリエンスの構成要素

個人資産でみると，ビクトリア州の“安全・安心（Safe and well)”，国際赤十字連盟の“きちんと食べられて健康で安定した日常生活（is knowledgeable, healthy and can meet its basic needs)”は，神戸の「こころとからだ」に近い要素である。ビクトリア州の“つながり・一人もとり残さない・相手を力づける（Connected, inclusive and empowered)”と国際赤十字連盟の“つながり（connected)”は，どちらも文字どおり神戸の「人と人のつながり」に対応している。

生活基盤については，ビクトリア州の“力強く・多様な地元経済（Dynamic and diverse local economy)”，国際赤十字連盟の“経済機会（economic opportunities)”は，どちらも経済関連であり，神戸の「しごと」「すまい」に対応すると考えられる。興味深い相違点もある。

図表12-3 オーストラリア・国際赤十字が考える平時のコミュニティレジリエンスと阪神・淡路大震災からの復興過程でのレジリエンスの比較

	ビクトリア州	国際赤十字連盟	阪神・淡路大震災
	備える Reflective and aware;		そなえ
個人資産	安全・安心 Safe and well;	きちんと食べられて健康で安定した日常生活 ... is knowledgeable, healthy and can meet its basic needs	こころとからだ
個人資産	つながり・包括的・激励 Connected, inclusive and empowered;	つながり ... is connected	人と人のつながり
生活基盤	力強く・多様な地元経済 Dynamic and diverse local economy; and	経済機会 ... has economic opportunities	しごと・すまい
生活基盤	民主的・活発 Democratic and engaged.	社会的凝集性高い ... is socially cohesive	
社会基盤	持続可能な人工・自然環境 Sustainable built and natural environment;	よく整備された・誰でも利用できるインフラとサービス ... has well-maintained and accessible infrastructures and services	まち
社会基盤	文化的に豊かで活気に満ちた Culturally rich and vibrant;	自然資産を守る ... can manage its natural assets	行政とのかかわり

出典：Community Resilience Framework Victoria: https://www.emv.vic.gov.au/CommunityResilienceFramework, IFRC: https://media.ifrc.org/ifrc/wpcontent/uploads/sites/5/2018/03/IFRC-Framework-for-Community-Resilience-EN-LR.pdf より作成

ビクトリア州の“民主的・活発（Democratic and engaged)”，国際赤十字連盟の“社会的凝集性高い（socially cohesive)”は，どちらも人と人のつながり方のあり方についての記述である。人びとが民主的でかつ仲良くやっていることを重要することで共通している。しかし神戸の場合にはそれに相当する人と人のつながり方を規定する概念が存在していないことが特徴である。

社会基盤については，ビクトリア州の“持続可能な人工・自然環境（Sustainable built and natural environment)”，国際赤十字連盟の“よく整備された・誰でも利用できるインフラとサービス（well-maintained and accessible infrastructures and services)”は神戸の「まち」と「行政とのかかわり」を総合したものに対応する。ビクトリア州の“文化的に豊かで活気に満ちたCulturally rich and vibrant”と国際赤十字連盟の“manage its natural assets”は，その地域の自然・文化的な環境への意識であり，神戸の場合には出てきていない。これを環境あるいは文化行政に関わる近年の世界的な関心の高まりの反映だとして考えることができる。

以上みてきたように，個人主義的な背景を持つビクトリア州と国際赤十字連盟のコミュニティレジリエンスと復興過程の中で明らかになった神戸のレジリエンスの間には，思った以上に共通性が高いことが見てとれる。唯一の相違ともいえるのが，ビクトリア州と国際赤十字連盟のコミュニティレジリエンスにある“民主的・活発（Democratic and engaged)”と“社会的凝集性高い（socially cohesive)”という人と人のつながりのあり方に関するコミュニティの根幹に関わる規定が明示されていないという日本の特徴である。

もしかすると，この要素は日本では大前提なのかもしれない。集団主義的な社会と個人主義的な社会の対比という視点で考えると，個々人が一生懸命，意図的に人と人とがうまくつながっていくことに高い価値が置かれている世界に対して，日本の場合にはそれが当然だと認識されている部分があるのかもしれない。もしかするとそこにわが国でコミュニティの活用があまりうまくいかない，あるいはコミュニティが衰退しているといわれながらも，依然として何もなすすべがないまま過ごしている原因があるかもしれない。日本人は水と安全はただだと思っているといわれるが，人と人のつながりもただだと思っているのかもしれない。

民主的・活発（Democratic and engaged）と社会的凝集性高い（socially cohesive）のどちらも，他人の権利も認め，自分の権利も主張できるという状況のなかで，なおかつ平和的に共存するということである。そうした価値感が日本のコミュニティでは明文化されていないことになる。

このことは，ビクトリア州や国際赤十字連盟の考え方ではコミュニティは作るものであるのに対して，日本人にしてみれば，コミュニティはもともと存在しているものと認識されていることを示唆している。コミュニティを自分たちの意思で作ろうとするならば，そこにコミットメントや責任が発生し，主体性が生まれる。一方所与のものとなると，そうした主体性が生まれるのかどうか疑問である。

2. コミュニティレジリエンスを高めていくには

（1）　災害におけるコミュニティの活性化

ここでは，コミュニティレジリエンスを高めていく方法について考えていく。災害が起きたときのコミュニティレジリエンスを考えると，日常とは違う理不尽な状況のなかでも，災害を乗り越え日常性をとりもどすことと言い換えることができる。

2003年７月におきた宮城県北部地震では，一日のうちに３つの連続地震が発生し，最大震度6強を記録した。発災直後に，福島県の医師たちが先輩ボランティアとして被災地に乗り込んで来て，ボランティアコーディネーションのノウハウを地元の社協のリーダーに伝えた。被災地の社協のリーダーは災害のことは何も知らなかったが，それまで二十数年間社協で働いてきて，いわゆるコミュニティをまとめる能力が高い人だった。こうした異なる専門性を持つ2種類の人たちが災害発災から100時間以内に遭遇できたことで，その町のボランティア活動は効果的に機能した。被災地において災害対応の仕組みが出来上がる以前に，ボランティアに関するノウハウが伝えられ，それが実際の被災地の災害対応に活かされた例である。

2012年の九州北部豪雨で被災した3つの集落で復旧・復興過程に関して興味深い事実が観察された。福岡県八女市黒木町には山村塾というボランティア団体が震災前から農地の活性化のために現地で活動を続けていた。星野村では，東京に行っていた人が定年で地域に帰ってきて，災害発生後リーダーになって一生懸命地域の活性化をはかった。それから，うきは市では地元出身の行政職員が一生懸命頑張って復興を目指す対策を仕掛けた。これら3つの復興過程を比較すると，行政職員を中心とした復興に向けての仕掛けは相対的に期間が短く，施策の幅も狭くなる傾向がみられた。一方，災害発生前から関係性があった山村塾の活動を受け入れた黒木町や，もともと地域のつながりを持つUターンリーダーが指導した星野村の復興活動は，地域外から来たリーダーと地域の人びとの間にしっかりとした関係性を基盤として，より長くかつ幅広い視野で活動が継続した。しかし，どの地域も「次の作付けまでに復旧」を目指して，地域の立ち直りに貢献したという事例がある。

2003年の宮城県北部地震でも，2012年の九州北部豪雨の場合も効果的な災害対応あるいは復旧・復興活動が実施できるのには，専門的なノウハウを持つ外部の専門家と，それを受け止める地元のキーパーソンの協働を可能にする人間関係が必要であることが共通要素となっている。多くの場合はそうした関係性が災害発生前から成立していることが前提となっている。しかし，宮城県北部地震の際には，両者が共に高い専門性を有していたことが，事後の接触であっても協働を例外的に可能にしている。

(2) 平時における活性化

先に記した例に共通することは，災害をきっかけにして被災地のレジリエンスを高めるには，受け止める地元のリーダーの存在と，そこへやって来る外部のファシリテータの協働がないとうまくいかないということである。その有効性は災害時だけでない。平時でも地域の活性化を目指す際に地元のリーダーに外部のファシリテータが加わる協働体制が必要だということを示す事例がいろいろなところで見出されることからも明らかである。

大江正章（2008）は『地域の力—食・農・まちづくり』の中で地域を活性化する上で有効なリーダー像を述べている。大江が描くリーダーは独裁的でなくて，人の話を聞く力を持っていなければいけない。そして，それを助けるＵターンやＪターンの若者たちの存在が必要だという。活動によって現金収入が上がることが大きなインセンティブになるが，その現金収入に頼らずに自立できているような環境が前提となる。つまり，自分の食べるものは裏の畑で取ってこられる状態で，孫に小遣いをやれる状況を作り出せることが成功の秘訣であるという内容である。

宮本常一（1984）は，山口県辺りの集落の活性化に果たした「世間師（しょけんし)」の存在を紹介している。世間師は，若いうちに村を離れて，都会に行って働いてきて，そこでのいろいろな風習や技術を学んで村に帰ってくる人達を指す言葉である。その人達は，自分たちの村にない新しい技術や考え方をそこに広める役割をしている。そういう意味では，村を活性化する外部ファシリテータなのである。2012年の九州北部豪雨の際に星野村の復興リーダーはコミュニティレジリエンスを高めるためのが世間師の役割をはたしている。

2015年国連世界防災会議が仙台で開催され，2030年までの世界の防災の方向性を定めた仙台行動枠組が採択された。仙台行動枠組では災害に対するレジリエンスの向上を世界に浸透するために国を単位にものを考えようとしている。そのため，中央政府にNational Secretariatという，国レベルで防災を推進する主体となる事務局を作ることを提言している。そこが国家戦略を作り，防災を進めるという仕組みである。一方日本学術会議では，防災力の主体となるコミュニティレベルでのレジリエンス向上には，国からのトップダウンのアプローチよりも，コミュニティに直接働きかける外部ファシリテータを活用するアプローチの方が有効ではないかと議論されている。

3. 外部ファシリテータが果たすべき役割

(1)　コミュニティデザイン

コミュニティそのものを強くするために外部ファシリテータが何をすべきかの提案として，山崎亮（2011）の「コミュニティデザイン」という考え方はいろいろなことを教えてくれる。コミュニティデザインにはいろいろな考え方がある。まずハードな施設を整備するという意味，そしてそうしたハード整備にあたって人びとの意見を聞くという意味でも使われる。しかし山崎が目指すのは，ハードは作らないが人の関係性を新しく変えていくことである。そのため彼は自分をよそ者として位置づけて，コミュニティに入っていく（外部ファシリテータ）。コミュニティのメンバーと一緒になって課題解決プロセスを楽しむ取り組みをコーディネートする活動を進めている。

問題解決といってもすべてが論理的になされるわけではない。そこにはコミュニティのメンバーが持つ感情も大きく関わってくる。そこで，住民を市民に変え，もっと積極的にいろいろな地域の活動に参画させることで，自ずと問題解決がされることを目指した活動をしている。

外部ファシリテータとしてのコーディネーション手法に，4つの段階があることを山崎は紹介している。第1段階は，まずファシリテータとして現地に入って徹底的にコミュニティメンバーにヒアリングするところからプロジェクトを始める。この活動を通して，その地域の状況を把握し，課題を把握し，そこにいるキーパンソンを把握する。

第2段階は，住民を巻き込んだワークショップの実施である。この段階を通して，コミュニティの住民はワークショップで話し合われる自分たちの地域の課題を「わがこと」として理解する。第3段階はワークショップで合意された結果の実行である。この段階がプロジェクトの成功を決める重要なポイントとなる。ワークショップを通して，今後実施すべきプランがある程度見えてきたら，それを受けて住民からリーダーを選んで，少しでもいいから自分たちが作ったプランを実行してみる。地元リーダーの誕生を促す段階である。

最後の第4段階では，住民主体の活動が活発になることを目標として，地元の人たちの力を補う活動支援を行う。いろいろな相談事に乗る，行政とのつながりをつける手伝いをしながら，だんだんにファシリテータとしての関与を少なくしていくという流れである。

山崎が提唱するコミュニティデザインにあたって外部ファシリテータがとる手法は，認知的徒弟制という学習の仕方をうまく活用している。認知的徒弟制では師匠と弟子の間での成立する学習過程を，①モデリング，②コーチング，③スキャフォルディング，④フェイディングという4段階として考える。モデリングでは，まず師匠自身がモデルになって弟子に見本を見せる。次のコーチングではやり方の基本を弟子に教える。3番目のスキャフォルディングとは英語で「足場」を意味する。つまり弟子が自分で活動できる足場を師匠が構築し，弟子の活動を見守る段階である。そして最後のフェイディングは，フェイディングは弟子の自立に応じて，師匠の関与を減らす過程である。

山崎氏のコミュニティデザインを認知的徒弟制の枠組みにあてはめると，ファシリテータが師匠，住民が弟子の役割をになうことになる。師匠はモデリングの前提として，まず現場で徹底的なヒヤリングを行い，その地域での問題解決のモデルを構築する。そしてワークショップを通して，自らが作ったモデルを弟子である住民に対してコーチングする。次いで住民による試行的なプロジェクトの実施に移行するのは，スキャフォルディングそのものである。そして活動支援をしながらフェイディングしていくのである。これらの4段階を経て，弟子である住民はコミュニティとして何か新しいものを学んで市民となっていく。山崎のコミュニティデザインは，そのプロセスを標準化する試みである。当然このように標準化されたコミュニティデザインを手法は災害に対するコミュニティレジリエンスを向上させるうえでも重要な参考となる。

(2)　コミュニティレジリエンス向上のためのファシリテータの役割

どうすれば災害に対するコミュニティレジリエンスを高められるかを考えるとき，公衆衛生や保健分野でのJICAの国際援助がすばらしい成功事例を提供してくれる。その秘訣は対象となるローカルコミュニティにJICAが要請した外部ファシリテータを送り込んで，その人が地元のリーダーと協働して，地元の問題解決を進めるやり方である。

2015年に第3回世界防災国連会議が仙台で開催され，2030年までの政界の防災のあり方を定めた「仙台防災枠組」が採択された。災害に対するレジリエンスの向上が仙台防災枠組の最終目標であり，そのために国ごとに防災体制を整え，強力な防災戦略を持つことを求めている。しかし国から地方自治体・企業・市民団体などへの「トップダウン」の働きかけだけで，十分なレジリエンス向上が図れるか疑問である。なぜならばレジリエンス向上だけが唯一の国家目標ではないからである。たとえば，同じく2015年に公表された17個の持続可能な開発目標（SDGs）のほうが，レジリエンスの向上以上に世間の関心を集めているのも事実である。災害に対するレジリエンスの向上は持続的な開発を支える大前提ではあるものの，国が強力にレジリエンスの向上だけを進める状況には決してない。そうした状況を踏まえると保健や公衆衛生で成功したJICAの外部ファシリテータモデルを災害レジリエンスの向上にもあてはめることは魅力的である。

ローカルコミュニティのレジリエンスの向上のために，外部ファシリテータは何をするべきだろうか。一言で言えば外にある資源と対象とするコミュニティを結び付け，防災という観点から対象とするコミュニティを活気づける役割である。レジリエンス向上に必要となる知識や体験，ツールなどを提供し，地元のリーダーたちに対して，コミュニティレジリエンスの向上を図るための方策を教え，それを実践するのを手伝い，プロジェクトの終了後にはその教訓をいろいろなところに広める役割を担う。

ファシリテータが果たすべき具体的な役割は，図表12-4に示す7つの活動となる。1）まず地元のリーダーとラポール（信頼関係）を作る。2）ローカルコミュニティが抱えるリスクを評価し，対応すべきリスクを決める。3）コミュニティが達成すべき目標を設定する。4）目標を

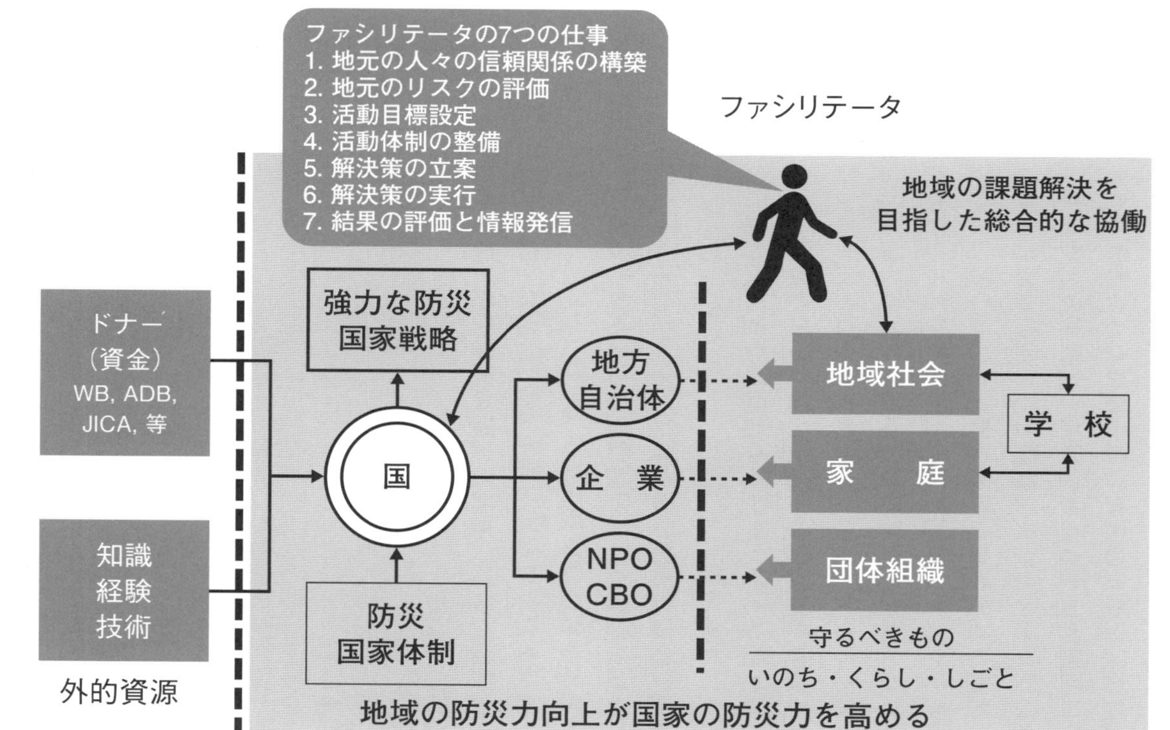

出典：日本学術会議 IRDR 分科会より作成

図表12-4　コミュニティレジリエンス向上のためのファシリテータモデル

達成するために地元での推進体制を構築する。5）目標達成のための実現可能な解決案を地元の人たちと一緒になって考える。6）地元の人たちが実際に問題解決することを現地で支援する。そして7）うまくいったら，そのプロセスと結果を教訓として他の地域に広める。これら一連の７つの活動がさまざまな地域で実施されることによって，災害に対する現場のレジリエンスが高まることが期待できる。その結果，国全体としてのレジリエンスも高まることが期待される。結果として，トップダウンよりもボトムアップのプロセスを使うことによって，より確実に防災に関する強力な国家戦略が生まれることになる。

こうした外部ファシリテータの活動にできるだけ多くの人が参加でき，ファシリテータが標準的な手順やツールを使って対象となるコミュニティを支援できるようにするために，インターネット上で防災に関するさまざまな知恵を集め，自国語で読むことができるオンラインシステムの検討が日本学術会議で進んでいる。オンラインシステムでは，外部ファシリテータだけでなく，誰もが防災についての知識や・経験・やツールを体系的に学び，それを実際の現場で使えるようにすることも重要な目的としている。

参考文献

- 宮本常一『忘れられた日本人』岩波文庫，1984年
- 山崎　亮『コミュニティデザイン』学芸出版社，2011年
- Collins, A., Brown, J. S., & Newman, S. E. (1987). Cognitive apprenticeship: Teaching the craft of reading, writing and mathematics (Technical Report No. 403). BBN Laboratories, Cambridge, MA. Centre for the Study of Reading, University of Illinois. 1987

13 災害対応のコミュニティのレジリエンスを高める

林　春男・田村　圭子

《本章の目標＆ポイント》「パート３：これからのコミュニティレジリエンス」の３回目。災害はどれも地域性と特異性を持つといわれるが，災害対応に必要となる業務の８割は繰り返し起こるといわれる。そうした繰り返し起こる業務に対して標準化された災害対応を可能にすることは効果的な災害対応を実現するうえで不可欠である。災害対応については，先進国の中でわが国だけが知らない世界のディファクトスタンダードが存在している。その基本であるICSの考え方を紹介する。

《キーワード》 ICS，災害対応で必要となる５つの機能，プラニングP，責任担当期間，当面の対応計画

1．災害対応力向上のための３つの重要な課題

本章では，公助をとりあげる。公助の能力をどのように上げるかということも，これからの災害に対するコミュニティレジリエンスを考えるうえで非常に重要である。言い方を換えると，災害対応を担うプロフェッショナルなコミュニティも存在しているので，その人たちが持てる力を十分に発揮してもらわないといけない。自助・互助・共助だけで何とか災害を乗り切れればいいが，現実的に公助の力は無視できない。特に災害が広域化・激甚化した場合にも効果的な対応を実現できるだけの能力が公助に求められている。そのためには，多くの災害対応従事者の連携した働きが必要となる。それを実現するためには災害対応そのも

のを標準化する必要がある。みんなが同じやり方，考え方に従って活動し，全国から，世界から応援が集まるような仕組みにしていく必要がある。

災害対応力を向上させようとすれば，誰が，いつ，何を行うかということについての共通理解の成立が非常に重要である。そのために重要な課題が3つある。一つめは状況認識の統一，二つめは災害対応業務の効率化，三つめは災害対応マネジメントの効率化である。本章では，これらを順にみていく。

2. 状況認識の統一

災害は急激で大規模な環境変化であるため，その全貌をすぐに把握することは困難である。何が起きているのかがわからなくては，効果的な対応も難しい。したがって，状況をいち早く正確に把握して，関係者の間で共有できることが大事で，そのための活動を「状況認識の統一(Common Operational Picture)」という（図表13-1）。

状況認識の統一は，災害発生直後の失見当期をできるだけ短くすることから始まり，その後も状況の変化に応じ，状況認識を更新する必要が

出典：ESRI（Environmental Systems Research Institute, Inc.）より作成

図表13-1 状況認識の統一（Common Operational Picture：COP）

ある。それをスムーズに行うためには情報処理や情報共有のあり方についても標準化が必要になってくる。

(1)　地図の有効性

状況認識の統一を実現するためには地図が大変有効であり，どのように地図を活用するかということが重要な災害対応課題となる。現在では地理空間情報システム（GIS：Geographic Information System）というコンピュータを使った地図づくりが基本になっているので，GIS技術を災害対応にどう生かしていくかが一つの大きなテーマである。

災害対応するためには，現場で働いてくれる実行機能，組織のトップとして意思決定をする機能，その中間にいて災害対策本部で企画立案をする機能という3種類の機能が必要になる。なぜならば，これら3つの機能はそれぞれ違った価値観・情報ニーズを持っているからである（図表13-2）。現場には規定遵守が求められ，組織のトップには中庸が求め

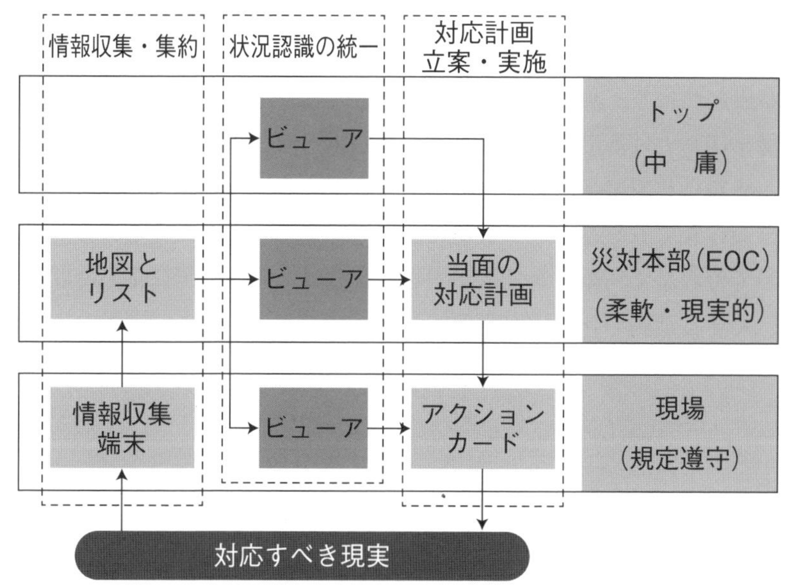

出典：筆者作成

図表13-2　組織を構成する3種類の人とそれぞれの情報ニーズ

られ，災害対策本部には柔軟かつ現実的な対応が求められるからである。そうした異なる価値を実現するためには，情報収集・集約と対応計画立案・実施にあたってそれぞれのニーズに応じて求められる情報がきちんと届かなければならない。しかしどの機能においても状況認識の統一の重要性だけは共通している。組織のトップから，現場までみなが同じ認識を持たなければ効果的な災害対応を実現できない。

(2) 必要に応じた地図形式の選択

組織のトップは，災害全体を俯瞰し状況を把握し，長期的かつ大きな視野に基づいて対応の方向性を示すことが役割である。そのための判断根拠となる情報が必要であり，会議室の大型スクリーンに映し出される地図でも何ら構わない。現場の人たちは，実際にとるべきアクションが指示され，自分に与えられた作業の遂行に必要な現場情報の収集を可能とする機能が必要である。しかも現場での活動性からいえば，持ち運びが楽で，自分に必要なことだけしか見られない情報機器が望ましい。

災害対策本部にはさまざまな情報が入ってくる。それらをマップ上で重ね合わせたり，集計表で業務量を計算したり，何が起きているかの全体像を作り上げることが災害対策本部の重大な仕事である。それに基づき，組織としての当面の対応計画が立案できるように情報処理をしなければならない。したがって業務ごとに対応すべきことがらをストーリーとして整理して，誰もが理解ができるように，時間経過に応じて状況を提示できる地図の仕掛けが必要である。

3. 災害対応オペレーションの質の向上

(1) 災害対応業務の特徴

次に，災害対応業務の質の向上を考えてみよう。災害対応の基本は，災害によって生まれた新しい課題に，日頃使っている対応方法を当てはめることである（図表13-3）。既存の課題を既存の方法で解決するのが「ルーチン」，既存の課題を新しい方法で解決するのが「イノベーション」，新しい課題を新しい方法で解決するのを「創造」と呼ぶと，災害対応は新しい課題を既存の方法で解決することにほかならない。災害対応の中心となる行政機関は災害対応にあたっても，今まで自分たちが実施してきた行政手法を使って課題解決することがほとんどである。しかし，災害の場合，今までにはない新しい状況で，今までのやり方を使っていかなければならない。そのため災害対応の特徴として，今まで使っていたやり方を新しい状況にどううまく当てはめるかを柔軟かつ現実的に検討できるリーダーシップを大切とする。

(2) 繰り返し起きる業務と新しい業務への対応の違い

災害対応を何度も経験する人は少ない。しかし多くの災害対応事例をケースとして集めると，災害対応課題の８割ぐらいは繰り返し起こって

出典：筆者作成

図表13-3　災害対応業務の特徴

いる課題であり，新しいものは２割しかないことがわかる（図表13-４）。繰り返す課題と新しい課題では，対応も異なってくる。繰り返す課題については，災害発生前の段階で対応を標準化することが効果的である。事前に計画を立てておけば，災害発生時にはその計画に従って，現場に権限移譲して対応できる。そして計画がうまくいったかどうかを報告してもらえば対応が完了する。

現時点ではそういう業務の標準化が災害対応になされていないため，現場に権限移譲できないことが多い。繰り返し起こる課題については，平時に検討を行い，対策を考えるだけの十分な時間はあるはずである。それを怠ると，災害発生時には何が起きるかわからないからという理由で，現場への権限移譲を躊躇（ちゅうちょ）することになる。

事前の計画だけですべての課題が解決できるわけではない。とくに新しく発生した課題については，決定権限を持つ人がその場に集まって，その場でソリューションを考えるべきであり，そのために組織間でパートナーシップを組める力が必要である。これも災害対応コミュニティが持つべき力である。

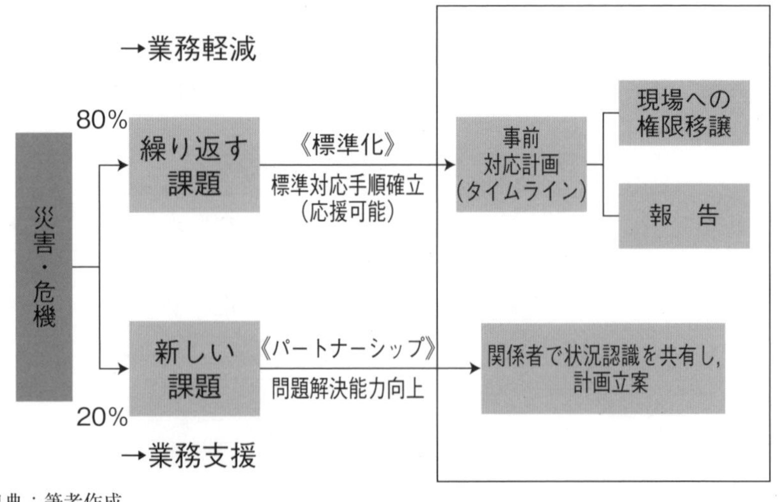

出典：筆者作成

図表13-４　２種類の災害対応業務と対応方法の違い

(3) タイムラインの重要性

繰り返し起こる業務については，どこの部局が，何を，いつやるかということを事前に合意して，それを文書化しておくことにより，災害発生時の調整コストがなくなり，結果として連携の取れたすばやい対応が可能になる。さらに，訓練や実際の対応での振り返りを通して継続的な改善に持っていくことが大切である。

そのとき大切になるキーワードがタイムラインである。2012年にニューヨークを襲ったハリケーン・サンディの災害対応を調べた国交省と研究者チームの調査では，タイムラインが事前の対応をスムーズに進めるうえで役に立ったという知見が得られ，それを踏まえて国交省が対応を進めている。しかし国情が違うので，米国方式をそのまま焼き直すことはできない。タイムラインの本質は，誰が，いつ，何をするかを事前に決めて文書化しておくことで，災害発生時の調整コストを減らして，連携の取れた対応を実現することが可能になるという点である。そのため，どの業務をどの段階でどの組織が実施すべきかについて，関係者間での合意形成こそが大切である。

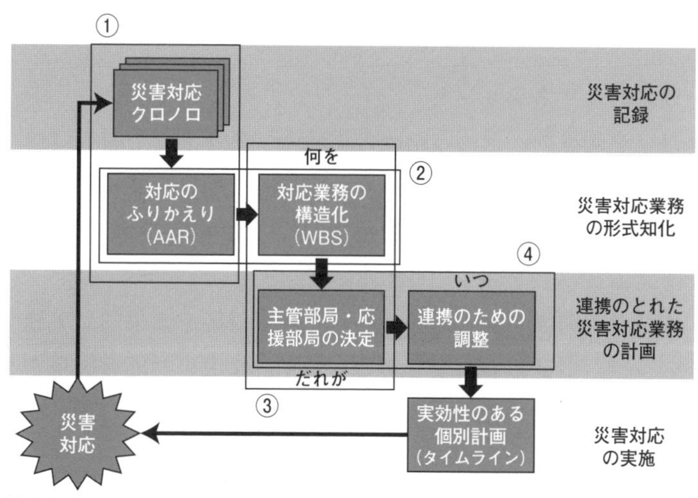

出典：筆者作成

図表13-5　タイムライン計画の策定方法

タイムラインを作るには，図表13-5に示すように，まず実際の災害対応あるいは訓練で実施した活動対応のふりかえりから始まる。その結果を時系列に整理して，やるべき業務を構造化し，誰がやるかを決めて，いつやるかを調整し，形のある計画へとまとめるステップを段階的に踏むことが必要となる。

「ふりかえり（After Action Review：AAR）」は現在多くの場面で業務改善の出発点として活用されている。活動直後できるだけ早く，できるだけ現場の近くで，何をやったか，何をやるべきだったか，やるべきこととやったことの差はなぜ生まれたのか，どうしたらそれを改善できるかを話し合って，合意する。そして，それを次の業務に生かすことが定着しつつある。

計画の記述形式としてWBS（Work Breakdown Structure）がある。表形式で，やるべきことを構造的に整理したものである。プロジェクトマネジメントの分野での仕事の記述法として世界で標準化している方法である。災害対応もプロジェクトであると考えれば，災害対応の記述法としてWBSを採用することで標準化が促進できる。

4．効果的なマネジメント

（1）　効果的なマネジメント

災害対応を効果的に進めるための組織のマネジメント方式には，ディファクトな世界標準が存在している。先進国でそれを使っていないのはわが国だけである。これをもっと積極的に採用すべきという観点から，それを支える3本柱を順に紹介する。

第1の柱は，組織の動かし方である。災害対応を効果的に実施するには5つの役割（機能）が必要である。効果的な災害対応を実現するには，必要となる役割にしかるべき人を当てはめるべきであり，人に役割を当てはめてはならない，という原則に従ってムリ・ムダ・ムラのない人員配置を可能にする組織運営法である。

第2の柱は「プランニングP（Planning P）」と呼ばれる，災害対策本部での時間の使い方である。発災直後に全員が災害対策本部に駆けつけ，3日目になると全員疲れ果てて対応能力がガタ落ちになることは，わが国の災害対応でよく見かける光景である。交代要員がいない，働く人の疲労を考慮しないという現行の非人道的な対応のあり方は，長期間にわたる災害対応の質を担保できない「継戦能力」の低さを表している。それを避ける上で「責任担当期間（Operational period）」という考え方の重要性を理解する必要がある。「責任担当期間」は最大連続12時間に設定される。その期間内で，災害対応従事者はそれぞれに割り当てられた仕事に従事し，責任担当期間の終了とともに交代するのである。

第3の柱が「当面の対応計画（Incident Action Plan：IAP）」の策定である。「責任担当期間」を使って災害対策本部が策定するのが次の責任担当期間で実施される「当面の計画」なのである。

（2） ICS

効果的な災害対応マネジメントを実現するための組織の動かし方の基本がインシデントコマンドシステム（Incident Command System：ICS）という考え方である。ICSは英国でも米国でもEUでも採用されており世界の危機対応組織編制・運営のディファクトスタンダードとなっている。どんな種類の災害が発生しても，効果的に対応できるための一元的な対応を可能にしている。

2001年の9・11テロは米国にとってまったくの予想外の出来事であった。敵対勢力から自国が直接攻撃を受けるなどと夢にも思わないため，まったく予防していなかった事態に遭遇したが，ニューヨーク州，ニューヨーク市，連邦政府，赤十字などの防災関連機関はテロ発生後にうまく連携できたと評価されている。その背景として，どの機関もICSを採用しており，共通の基盤があったことがあげられている。同時多発テロを受けて，米国は2004年にNational Incident Management System（NIMS）を開発し，その中で災害対応に従事するすべての組織がICSによって編成・運営されることを法制化した。したがって，公的組織だけではなく民間組織も，少なくとも補助金を得るのであれば，この方式に従って危機対応組織を動かすことが義務付けられる。ISOでもICSを踏まえて危機対応の標準化を目指す22320という国際規格が2011年に策定された。この規格は翌年，JISQ-22320としてJIS化されている。しかしその存在を知っている人はほとんどおらず，災害対応の標準化に関心が低い現実がわが国にはある。

（3） ICSが米国で発展した理由

ICSは1970年代，米国カリフォルニア州の森林火災現場で起こった失敗を改良する仕組みとして開発された。当時の問題点として，あまりにもたくさんの報告が１人のリーダーに集まったため，リーダーがパンクしてしまう。それぞれの組織の構造がばらばらだったために，信頼できる災害情報が手に入らない。通信手段が不十分で互換性がなく，コミュニケーションができない。さまざまな機関でお互いの計画を連携するような構造になっておらず，権限の境目が曖昧（あいまい）だった。さまざまな機関で使っている言葉が違った。同じ言葉が違う意味に使われたり，違う言葉なのに同じ意味だったりした。災害対応における目標が不明確で，具体性に欠けていた。こうした問題は，当時のカリフォルニア州の森林火災の現場だけに固有の問題点ではなく，わが国の災害現場も含めて各地で現在も発生している。

問題解決をめざしてFIRESCOPEという組織が作られ，長い議論の末に到達した結論が，災害対応にあたって必要となる機能が5種類あり，それら機能にもとづいてどの組織も同じ方式で危機対応するということで，ICSと名付けられた。その後10年かけて，ICSは米国のすべての森林火災現場で使われるようになり，さらに10年かけて，全米の公的な防災関係機関がさまざまな種類の災害やイベントでもICSを使うようになった。それが背景となって9・11の対応があり，2004年に法制化された。

(4) 危機対応で必要となる5つの役割（機能）

危機対応をするうえで，図表13-6に示される5つの役割が必要になる。災害対応では，まず災害対応全体に対して責任を負う「指揮者」が任命される。そして指揮者の指示にもとづいて実際に「事態対処」にあたるラインの人たち，さらに指揮者を支えるスタッフが必要となる。スタッフは，対応計画を立てる「対策立案」，必要な資源を確保する「後方支援」，きちんとした事務処理をする「総務」の3つの役割が必要とされる。指揮者が果たすべき役割には，全体の取りまとめだけでなく，社会に対する「広報」，災害対応従事者の労働「安全管理」，そしていろいろな機関の連携協力を実現するための「連絡調整」の役割も含まれる。

これらの役割は仕事量が増えれば細分化され，それぞれに担当者を割り当てる。逆に仕事量が少なくなれば，いくつかの役割を一人で担当する。危機対応にあたっては常に指揮者，事態対処，対策立案，後方支援，総務の5つの役割が必要となるが，仕事量に応じて，仕事に人を適切に割り当てながら，危機対応をすることが原則となっている。一方，わが国の危機対応においては既存の部局に仕事を割り振るため，どうしても仕事量に応じて，ムリ・ムダ・ムラのある人員配置となるのがふつうで

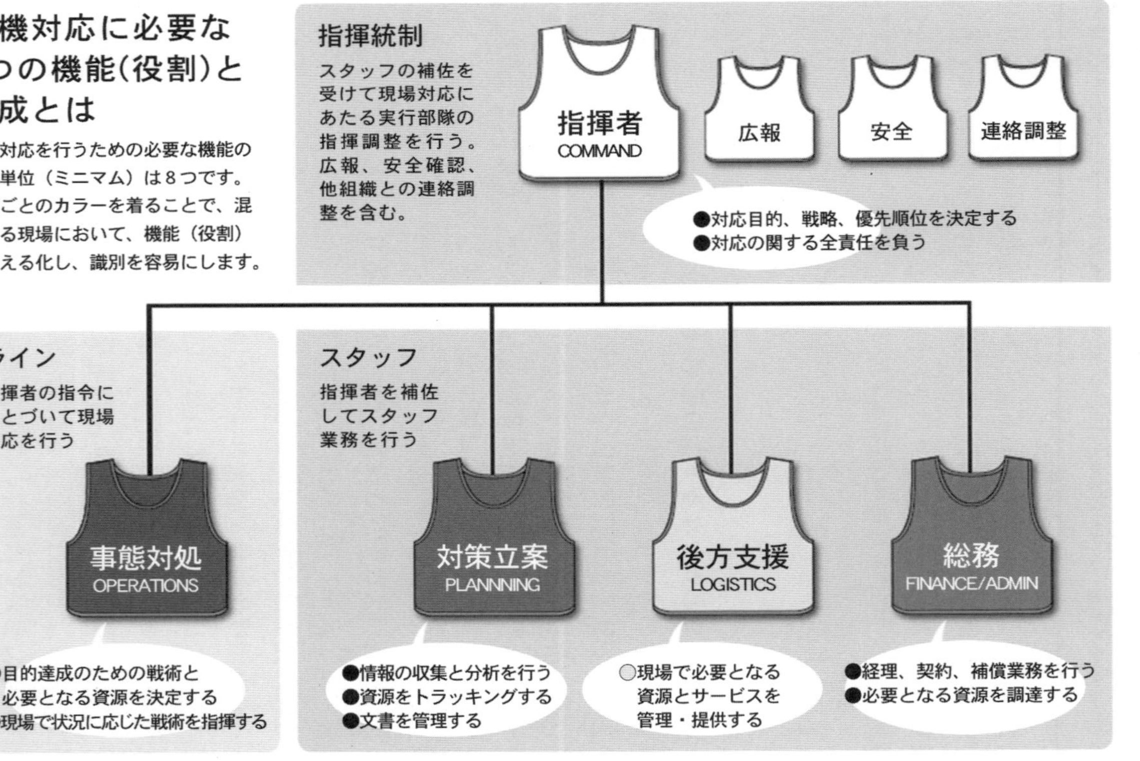

＊ビブスの標準色：指揮者＝白、事態対処＝赤、対策立案＝青、後方支援＝黄、総務＝緑。

出典：防災デザイン研究会より作成

図表13-6　効果的な災害対応のために必要となる5つの役割（ICS）

である。

ラインとスタッフの考え方は，ナポレオン（1769-1821）の時代から軍事組織で重視され始め，今ではビジネスも含めて世界中で採用されている組織運営法である。この方式では，スタッフは組織内では指揮者に対してだけ責任を負い，組織外に対しては指揮官とともに責任を負う。指揮者はスタッフのアドバイスを受けながら，ラインに対して戦略的な指示命令を出す。ラインは指揮者の命令に従って作戦を実行するが，もし命令に合わないような事態になったら現場判断を優先する，という共通ルールが存在する。この原則に従って災害対応しようというのがICSである。

大規模災害になると多くの人が関り，現場レベル，部局レベル，全所レベルなど，いろいろなレベルで活動が同時に行われる。それぞれのレベルで，基本となる指揮者，事態対処，対策立案，後方支援，総務という５つの役割を誰かが担うと考える。現場であれば，事態対処にできるだけ多くの人を割くため，指揮者が他の４つの役割を１人で兼務するのがふつうである。部局レベルでの対応になれば，５つの役割にそれぞれ人が当てられる。全所レベルとなれば，各役割はさらに細分化され，補助者も置かれ，大規模な対応組織が編成される。

（５） 責任担当期間

災害対応において，１人のひとが何らかの役割を担って働く期間のことを「責任担当期間（Operational period)」と呼ぶ。それを基本とする災害対策本部での業務時間管理法が「プランニングＰ（Planning P)」である（図表13-７)。なぜＰかといえば，災害対応は必ず後追いでスタートするからである。それがＰの「足」の部分になっている。災害はいつどこで起こるかわからないので，災害後にそれを覚知して，対策本部体制を整え，動き出すことになるので，結果として後追いの対応となる。その期間をいかに短縮するかが重要になる。

体制が確立し，災害対応が動き始めると，次はくるくる回わる「O」の部分になる。このサイクルをどのように回すかが災害対応の質を決める上で非常に重要なポイントになる。この1サイクルが責任担当期間なのである。

公的機関にとっては，災害対応も業務の一種である。通常業務は労働時間は1日8時間なので，災害発生直後のいのちを守る時期に連続業務を実施しようとすれば3交代制が必要になる。しかし，勤務者に4時間残業を頼み1日12時間働いてもらうと，2交代で連続業務が可能になる。そのため，災害対応では連続業務の実施を想定して，1日12時間勤務の

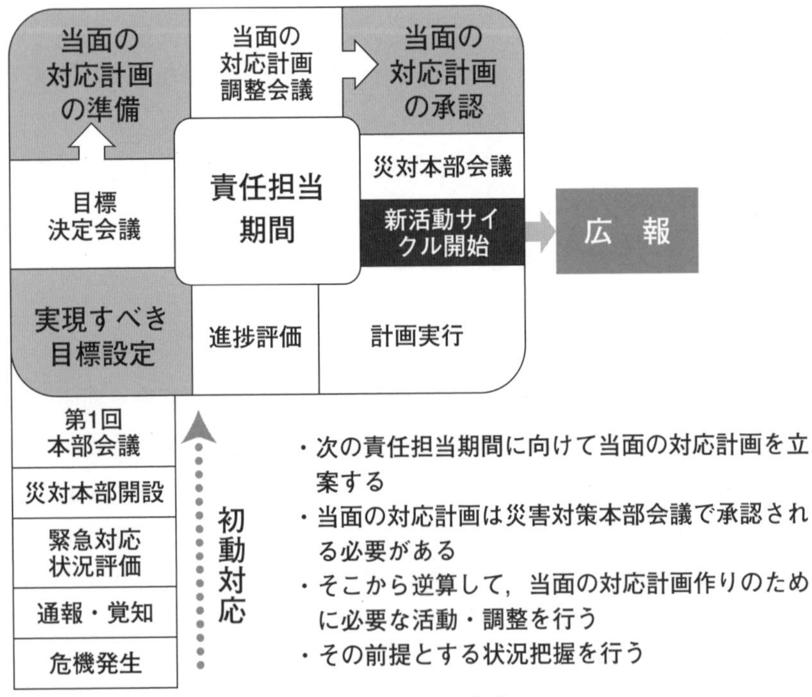

出典：FEMA Incident Planning Guide（2012）より作成

図表13-7　Planning P の概念による災害対応の同期連携

2交代制でスタッフを確保するところから出発する。その後いのちを守るフェーズが終了した段階から，業務は1日単位となり，夜休むようになる。そのため責任担当期間も1日単位となる。そして復旧・復興フェーズに入ると週単位での業務展開となり，週末休むようになる。この時点では責任担当期間は1週間単位となる。責任担当期間が関連機関の間で同期されていないと，組織ごとの対応はばらばらとなり，組織間連携が難しくなる。したがって効果的な対応を実現するためには責任担当期間の開始時刻とその長さの決定は非常に重要であり，指揮者がもつ大切な権限のひとつとなる。

各責任担当期間において災害対策本部が果たすべき役割は，次の責任担当期間で何をするべきかを定める当面の対応計画を策定し，承認することである。逆にいえば1つの責任担当期間は，災対本部会議で次のサイクルの当面の対応計画を承認することを最終目標として，その計画立案に必要となる業務を処理するプロセスなのである。関連部局間の調整も必要になる。その前にはそれぞれの部局において次の責任担当期間で実施すべき計画の立案が必要となる。その前提には現在の業務進捗状況を踏まえて次にやるべきことを明確化する目標設定が必要となる。それらの活動を連携させ，同時並行あるいは逐次的に推進するのが災害対策本部の活動であり，責任担当期間で実施するべき活動内容となる。

次の責任担当期間で実施する当面の対応計画が承認されれば，その内容を，組織内の人びと，連携する防災関連機関，マスメディア，被災者等に広く周知し，人びとの了解を得る必要がある。そのため広報は災害対応において極めて重要な業務であり，通常新しい責任担当期間の開始のタイミングと同期している。

(6) 当面の対応計画

責任担当期間の終わりで承認する当面の対応計画（Incident Action Plan：IAP）は，次の責任担当期間で組織が実施すべきことをまとめたものである。何を目標とするのか，その業務をどこが担当するのか，業務として具体的にどんなことをするのか，が規定された文書である。加えて補助的な計画として，その際使われる通信はどうなっているのか，ケガした場合の対応はどうなっているのかも決められる。それに補足情報として関連地図や次の責任担当期間の気象情報などを全員で共有する。これを基本的に文書にしてとりまとめ，関係者に配布する。図表13-8に示すように，計画の部分はそれぞれの決まったフォーマットが用意され，それを誰が作成すべきかも決まっており，各自が分担して作成したものを合体させることで，標準化された計画が短時間でまとまるように工夫されている。

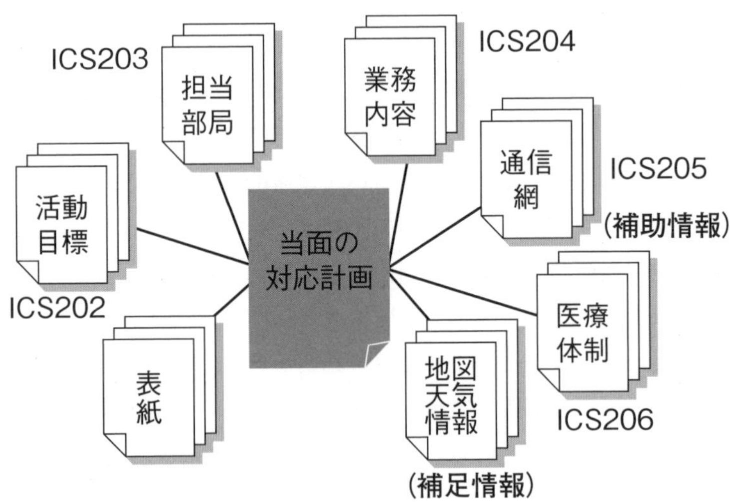

出典：U.S. Fire Administration/National Fire Academy Field Operations Guide ICS 420-1 June 2016より作成

図表13-8　当面の対応計画（IAP）で規定すべき内容

14 ワークショップによる主体的参画

林　春男・田村　圭子

《本章の目標＆ポイント》 「パート３：これからのコミュニティレジリエンス」の４回目。組織や地域社会のレジリエンスを高めるためには，ステイクホルダーの主体的参画を引き出すツールとしてのワークショップが有効である。ワークショップは細部が詰まった妥当な結論に至る合意形成が短時間で成立する手法であり，防災に関するすべての計画策定に利用できる。この章では，具体的な活用方法について紹介する。

《キーワード》 ワークショップ，アイディア出し，構造化，合意形成，主要なステイクホルダーの参画，適切な情報提供，時間的なプレッシャー，ふりかえり，裏ワークショップ

1．ワークショップ

（1） 合意形成を可能にする手法

第11章は「個人レベル」，12章が「地域組織レベル」，13章が「災害対応組織レベル」におけるおのおのの防災コミュニティのレジリエンスをいかに高めるかについて述べた。この14章では，防災コミュニティにおけるさまざまなステイクホルダー（構成員や影響を受ける関係者）から主体性を引き出す手法について述べる。

防災コミュニティにおいて，レジリエンス力向上を着実に実現していくためには，目的に向かったそなえ・対策・活動が，平時から合理的に行われるように，将来に向かって長期的・継続的な視点から「計画（防災計画，受援計画，活動計画等）」を立てることが効果的である。伝統

的な行政では，①担当者がまず原案を作り，関係者に回覧する，②関係者が自分の担当の観点からコメントを入れる，③担当者がそれらを統合する，という方法で計画は策定される。この方法では，計画全体の戦略性は失われ，複数のものを１つに合わせただけの玉虫色の計画が策定される恐れがある。この方法では，時間と労力がかかる割には「首尾一貫した切れ味のよい計画」は生まれにくい。

担当者間あるいは組織間において，効率よく短時間でステイクホルダー間の合意形成を可能にする手法として「ワークショップ（参画型合意形成手法)」がある。本章では，ワークショップはどのような手法をもって実現するのか，ワークショップ・セッションを成功させるにはどうしたらいいのか，またワークショップを用いたプロジェクトを成功させるにはどうしたらいいのか，についてその方法と実例を紹介する。

日本においては「ワークショップ」を能動的な体験型学習と位置付けることも多いが，本章では，ステイクホルダー参画型による①情報共有，②計画策定，③合意形成，を実現する機会と定義する。

(2) 災害対応はプロジェクトである

災害対応はプロジェクトとして捉えることができる。プロジェクト業務には，①出発点と終点があり，所定の目標達成が期待される有期の業務である，②業務実施のために臨時に集められた人や組織が目的達成のために連携・行動する，という特徴がある。この観点では災害対応はまさしく「プロジェクト業務」である。プロジェクト業務においては「通常と異なる人と組織の動かし方」が必要となる。効果的な災害対応を実現するためには，関係者間の合意に基づいた計画による戦略的な災害対応が必要である。

（3）ワークショップの3つのステップ

ワークショップは「アイディア生成」「構造化」「合意形成」の3つのステップで成立する。図表14-1に示すように，ステイクホルダーそれぞれの個別の「想い」を言語化して生まれるアイディアを紙の上に定着させることから，ワークショップは始まる。参加者が「付箋紙」に「識別しやすい太さ・濃さで記述可能なペン」を用いて，意見を一つずつ書く。これを「アイディア生成」ステップという。アイディア生成においては「可能な限り具体的に書く」「体言止めとせず，文書で書く」「1枚の付箋紙にはひとつのアイディアだけ書く」等のルールを守る。

個別の参画者が生成したアイディア（意見カードとも呼ぶ）を参加者全体で共有し，意見カードを整理・構造化することで，参加者の想いが可視化されるのが「構造化」のステップである。意見カードの整理の方法として，書かれている意見の内容的な類似性を手掛りにしてカードを構造化する日本科学技術連盟の「親和図法」を使うことが一般的である。意見カードを構造化し，とりまとめのカードを生成する際に，新たな意見が生まれれば，追加の意見カードとして記述する。アイディアに対して見出された構造について参加者の「合意形成」が図られるまでこのプロセスを繰り返す。

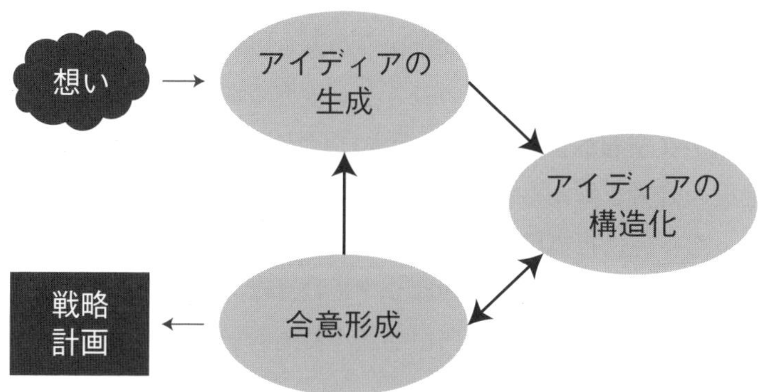

出典：田村圭子「ワークショップでつくる防災戦略」日経BPコンサルティング，2015年12月より作成

図表14-1　ワークショップを構成する3つのステップ

多様なステイクホルダーが，アイディア構造化の結果に対して，お互いの利害を踏まえながらも，相互に意見の一致を目指し，合意するプロセスを実現するのがワークショップである。目的に向かい合意を目指して，建設的に話し合いを行う。これは，昨今の人びとの価値観が多様化し，社会的状況の変化等において，一部の人の意思決定だけでは実現性の担保が難しい状況下では必要不可欠なプロセスである。この過程において，副次的な効果として，ステイクホルダーは活動目的に対し連携意識を高めていくことが可能になる。

（4） ワークショップには守るべき3つのポイントがある

ワークショップを成功させようと思ったら，守るべき大切なポイントが3つある。

①【主たるステイクホルダーが集まっていなければならない】 過去にある地域で防災力向上を話し合うワークショップを開催した際に，議論が上滑りし，何の成果も出ないことがあった。原因は，参加者が地元大学の学生だけで構成されていたためである。地域を構成する商店街，防災に関わる防災関係者，地域の重要な観光資源を運営する組織からは誰も参加してはいなかった。このことはワークショップを成功させるためには，すべてのステイクホルダーがそこに集まることが必要であることを教えてくれる。その実現はなかなか難しいので，少なくとも主要なステイクホルダーが参加していることが重要である。

②【適切な情報提供がある】 過去に自治体の職員を集めて，南海トラフ地震の対策を考えるワークショップを実施したが，これもうまくいかなかった。防災担当職員は南海トラフ地震について日ごろから対策を検討しているが，人によって知識レベルにはばらつきがあり，また，議論を展開するための十分な専門的知識を持ち合わせていなかったからで

ある。そこで，若手研究者と組み合わせたワークショップを実施したところ，防災担当職員の実務知識と若手研究者の専門性が補い合って，ワークショップを成功させることができた。このことはワークショップの成功のためには，話し合いの前提となる「適切な専門性に基づく情報提供」が必要であることを示している。

③**【時間的なプレッシャーがある】** 時間をかけたからといって良い結果が得られるとは限らない。一般的にワークショップの「アイディア生成」と「構造化」は２時間程度が適切である。１）参加者のアイディア生成（15分程度），２）グループによるアイディア共有（30分程度），これを二度実施するとして，２時間程度である。時間をかけすぎると参加者の集中力がもたない。むしろ時間的なプレッシャーがかかり，切迫感を共有することで，より良いものを生み出す源泉になっていることが多い。このことは，時間のプレッシャーは非常に重要な成功の要因であることを教えてくれる。

(5) ワークショップでは発表セッションを必ず設ける

ワークショップの最後には，必ず参加者が自分たちの結果を発表するセッションを設ける。その発表を聞いていると，「なるほど賢い。ディテールが全部詰まっている」という発表になるから，ワークショップは不思議なものである。

１人の担当者が計画の原案を作る場合，その人の知識の濃淡が反映され，密な所と疎な所が混在する計画になる危険性がある。原案を他のステイクホルダーに渡して修正を依頼すると，その人の思いが反映された計画が出来上がるが，全体にバランスがとれ，統一的な意図のもとに構成された計画とはなりにくい。

一方で，たくさんのステイクホルダーが同時に作業する参画型で原案を作ることで，最後の発表では，結果としてはすみずみまで内容の濃い合理的な計画となっている。これこそが「ワークショップのちから」だと理解している。

(6)　ワークショップシリーズで成果を上げる

1回のワークショップで期待しているゴールに必ずしも行き着けるわけではない。ワークショップを何回か繰り返し実施することで，成果がより明確になり，充実する。図表14-2はワークショップ（WS）をシリーズで実施する際の全体の流れをまとめたものである。左から右に向けた，キックオフから，最終的なゴールに至る過程の中で，何回かのワークショップをシリーズで実施する。

ワークショップをシリーズで実施するときのもっとも重要なポイントは「裏ワークショップ（裏WS）」の開催である。これはプロジェクトのマネジメントという観点できわめて大事である。ステイクホルダーを集めたワークショップを実施するだけでなく，事務局メンバーだけで整

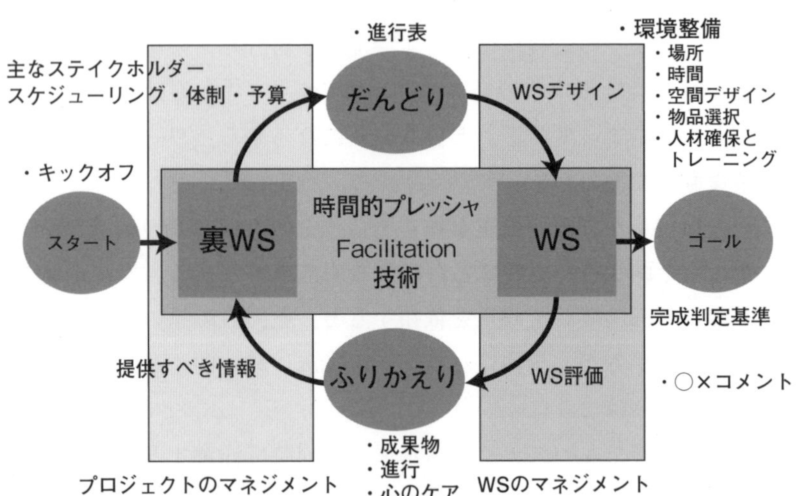

出典：田村圭子「ワークショップでつくる防災戦略」日経BPコンサルティング，2015年12月より作成

図表14-2　参画型合意形成ワークショッププロジェクトの進め方

理と準備のための裏ワークショップを実施する。裏ワークショップでは，ステイクホルダーを集めたワークショップの過程をふりかえり，成果のとりまとめを実施するのである。

ワークショップシリーズを成功させるためには，事前に整理した「だんどり」に沿ってワークショップを実施すること，ワークショップの最後に参加者にワークショップについて「ふりかえり」を求めることで，ワークショップを成功に導くことができる。

(7)　ふりかえりの重要性

ワークショップの参加者にも，ワークショップの終わりに，自分たちの参加体験の「ふりかえり」をしてもらう。実施方法はシンプルである。「うまくいったこと」「課題と思うこと」を付箋紙で参加者に表明してもらう。時間が許せば参加者にその内容について議論してもらう。「ふりかえり」にはさまざまな価値がある。まずは「ふりかえり」自体が，ワークショップの成果物そのものになる。また，ふりかえりの内容は次の回の進行のヒントにもなる，参加してくれた人の自己解放のチャンスにもなり，ある種の心のケアセッションとしても評価できる。ふりかえりの意見カードは裏ワークショップで解析，構造化し，次のワークショップの「だんどり」に反映する。だんどりへの反映は非常に重要で，次回どのような情報を共有すべきかを判断する大切な指標となる。

2. ワークショップを活用した防災計画策定の事例

(1)　ステイクホルダー情報共有のためのしかけ

「コミュニティがつなぐ安全・安心な都市・地域の創造」研究開発領域（JST）においても，ワークショップを研究手法として採用した研究課題が複数あった。そのなかでもひときわ興味深いのが「逃げ地図」

ワークショップである。このワークショップはもともと東日本大震災の津波被害の大きさをきっかけに，津波からの避難時間を実際にリアルに想定することを目的としている。人間は3分間で150mほどしか移動できないという事実を革ひもで表現して，海岸のまちを描く大きな地図を広げて避難ルートを考えてみようというもので，予想される津波到達時間までに革ひもが何回折り返せるかということで，避難場所にたどり着けるか着けないかを可視化するワークショップである。

研究領域では，津波だけをハザードとせず，土砂災害などさまざまなハザードに対する避難を検討できるよう改良を求めた。決まりきった避難ではなく，現場の状況を踏まえて，逃げる距離や逃げる方向についても体験者が自ら検討できるようにすることを求めた。そして，逃げ地図ワークショップを手段として使って，プロジェクトの担当者がファシリテータとして，地域のリスク分析力と対応力を高める標準手順の開発を求めた。埼玉県秩父市での土砂災害に関する逃げ地図ワークショップでは，これらのすべての要素を満たしたワークショップ手法が完成した。さらに，このプロジェクトは広がりを持ち，最終成果物である逃げ地図を短時間で清書するコンピュータプログラムも開発され，さまざまな場所で実施されるようになった。

(2) 地区防災計画策定のしかけ

岩手県大槌町の花輪田地区をフィールドとして「地区防災計画策定」のためのワークショップ手法の開発を実施した。現在のわが国の防災体制の根幹となる災害対策基本法では，国が防災基本計画を定め，それと矛盾しないように都道府県が地域防災計画を定め，それと矛盾しないように市町村も地域防災計画を作ることが義務付けられている。地区防災計画は，地域コミュニティにおける共助による防災活動の推進の観点から，市町村内の一定の地区の居住者及び事業者（地区居住者等）が行う自発的な防災活動に関する計画づくりを制度化したもので，2013年の災害対策基本法の一部改正によって創設された。東日本大震災において，自助，共助および公助が連携することによって大規模広域災害後の災害対策がうまく働くことが強く認識されたことが背景にある。

このプロジェクトでは「地区防災計画を創出するためのわかりやすい標準的な手法を開発する」ことを目標にした（図表14-3）。その際には，事業継続マネジメントに関する国際規格 ISO22301の枠組みを活用した。具体的には，①現状認識と基本方針決定，②リスク分析，③地域インパクト分析，④地区継続戦略策定，⑤予防力向上，⑥回復力向上，⑦地区防災計画の作成・承認，という7つのステップを住民と専門家によるワークショップで実現することを基本フレームとした。機会としては，復興庁のプロジェクトを活用した。

基本フレームが重視したことは，2種類のインプットを確保することである。一つは「住民参画主体的意識」である。参画する住民がこのプロジェクトを通じて，プロジェクト目的に対し主体的な意識を醸成する「わがこと化」を促進した。もうひとつのインプットとして「外部有識者の協力による計画の質の確保」である。外部有識者が提供できるのは，ファシリテータとしての役割と情報にすぎない。住民には参画そのものと同時に，参画に基づく物理的な成果物の作成を期待した。つまり，住民側からみれば自助・互助の枠組みが構築され，主催者側からみれば公助・共助の枠組みが構築される仕掛けをめざした。

東日本大震災という大きな環境変化がトリガーになって，このワークショップシリーズは成立している。岩手県大槌町は，大槌川・小槌川という2つの川が合流する河口にある海辺の町である。花輪田地区は，東日本大震災の際に発生した津波によって1m50～60cm の浸水が発生し

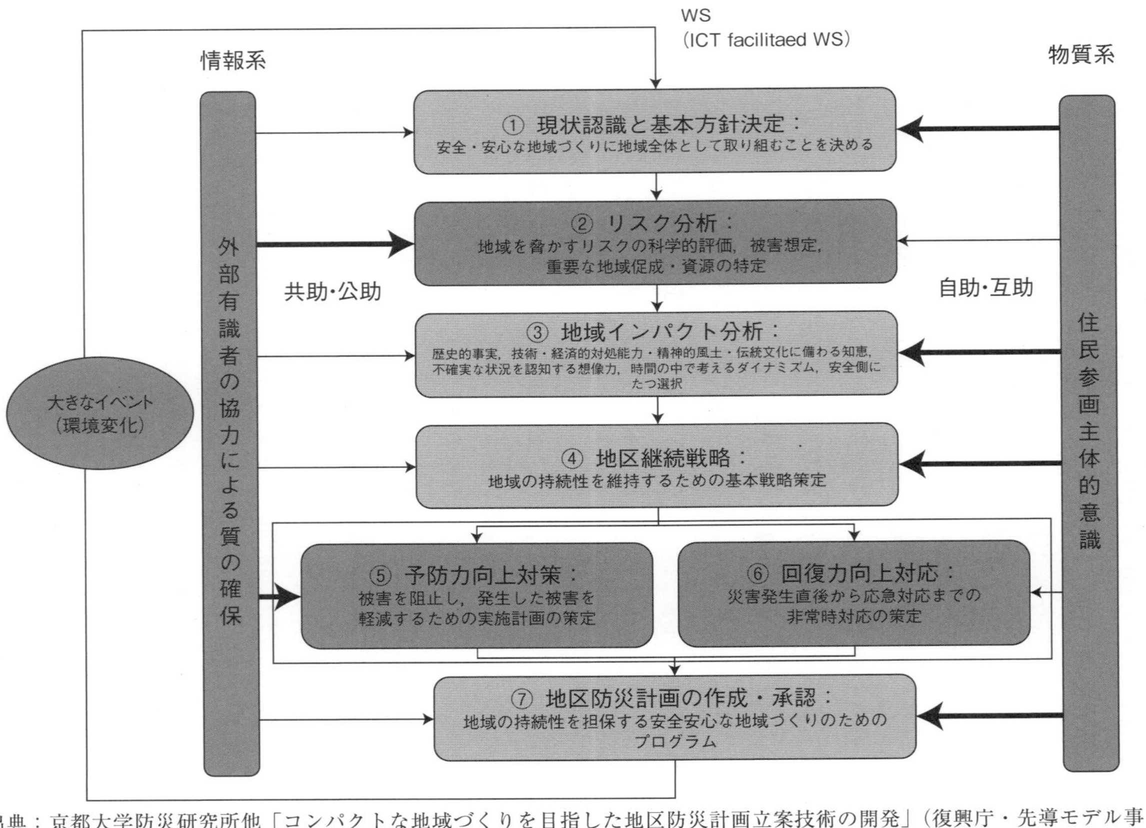

出典：京都大学防災研究所他「コンパクトな地域づくりを目指した地区防災計画立案技術の開発」（復興庁・先導モデル事業）より作成

図表14-3　岩手県大槌町花輪田地区での「地区防災計画策定」手法

た。家は流されずに済んだが，地区が面する小槌川がほとんど勾配のない川なため，長期にわたって浸水が発生した。しかし，海岸線の集落の甚大な被害に比べると花輪田地区の被害は軽いと思われ，支援がほとんど入らない地区であった。

こうした現状を踏まえて，地区の集会所において，2カ月に1回のペースで開催されたワークショップシリーズがスタートした。

まず【①現状認識と基本方針決定】において，安全・安心な地域づくりに地域全体として取り組むことを決定した。その後実施した【②リスク分析】では，その地域を脅かすさまざまなリスクについて実地検証にもとづいて科学的評価と被害想定を行い，重要な地域の特定と地域資源の特定を行った。その後【③インパクト分析】を行い，想定された災害が発生したら地区にいったい何が起きるのかを考えた。物理的にどんな被害が出ると予想されるかだけでなく，この地区に暮らす人たちにどういう影響があるかも議論した。その際に，地区の歴史的事実や技術，風土，文化のような継承された知恵や，不確実な状況を認知する力なども考慮に入れた。次に，議論し合意できたことを【④地区継続戦略】としてまとめ，【⑤予防力の向上】と【⑥回復力の向上】のそれぞれを目指した具体策を考えて，全体を【⑦地区防災計画】としてまとめた。

一連のワークショップを通して，花輪田地区の住民は自分たちが暮らす地域が抱える問題を明確に意識した。問題は災害だけではなかった。生活環境の改善，住民同士の交流など多岐にわたった。それらを「自分たち一人ひとりがやること（自助）」「花輪田という地区としてみんなでやること（互助・共助）」「役所に頼む（公助）」に整理することで，プログラム化した地区防災計画が完成した。

(3) 仮説検証型ワークショップのしかけ

1995年1月17日に発生した阪神・淡路大震災は未曾有の大災害をもたらした。大都市直下で発生したこの巨大災害は，構造物や住宅への物理的な被害を与えただけでなく，社会制度や組織のあり方にも影響を与えた結果，人びとの生活に甚大な被害を及ぼした。その影響は長期にわたり，震災から2年で社会的基盤が復旧した後も，市民の生活再建には多くの困難が存在し，長い時間が費やされてきた。震災から5年目を迎えるにあたって，神戸市震災復興本部は，「震災復興総括・検証研究会」の生活再建部会（以下「研究会」と略）を設置し，それまでの復興の試みを「草の根」検証した。「草の根」とは，市民による市民のための生活復興検証であることを意味している。1999年7月19日から8月22日までの間に神戸市内で12回のワークショップを行い，市民に直接生活再建に関する実感をたずねた。

ワークショップで得られた1,623枚のデータカードを，生活再建に係わる研究者による研究会の場で親和図法・連関図法を用いて構造化し，最終的に生活再建課題の7要素「すまい，人と人とのつながり，まち，そなえ，こころとからだ，くらしむき，行政とのかかわり」（図表14-4）を抽出した。その結果としてもっとも注目すべきは，被災者として当然関心の高い「すまい」という物理的な再建に関するカードに続いて，「人と人のつながり」の人びとの内面に係わるカードがカード枚数で第2位となり，物理的に「すまい」を再建することだけが生活再建における課題ではなく，「人と人のつながり」というコミュニティの根幹にかかわる要素の重要性が明らかになったことである。

神戸市の草の根検証を通して明らかになったことは，市民の生活復興を問うとき，定量的に表現することが可能な，たとえば「町の建物が何割復興したのか」「地域経済が何％復興した」「住宅の再建が何軒すんだ」といったマクロな指標に加えて，被災者の認識そのものを扱う，もっとミクロな指標によって復興をとらえることの大切さであった。生活再建の基本要素としてあげられた「市民同士のつながり方」「新しいまちへの愛着」「将来の災害へのそなえ」「個人のこころとからだの健康」「日々のくらしむき」「行政とのかかわり方」のいずれもこうしたミクロ指標である。「すまい」の再建率のように行政の示す被災地の復興指標はマクロ指標であり，被災者の感じるミクロ指標としての復興感とずれがあるため，「８割復興」という表現に代表される認識の違いが生まれたともいえる。

このことは物理的・絶対的尺度上の復興度を測ることだけでは十分ではなく，人びとの心理的な復興感に基づいた指標を整備する必要性を示唆している。市民の生活復興感を測ろうとするとき，個々人の実際の行動やふるまい，社会におかれた状況で測ろうとしても，それらは個人の

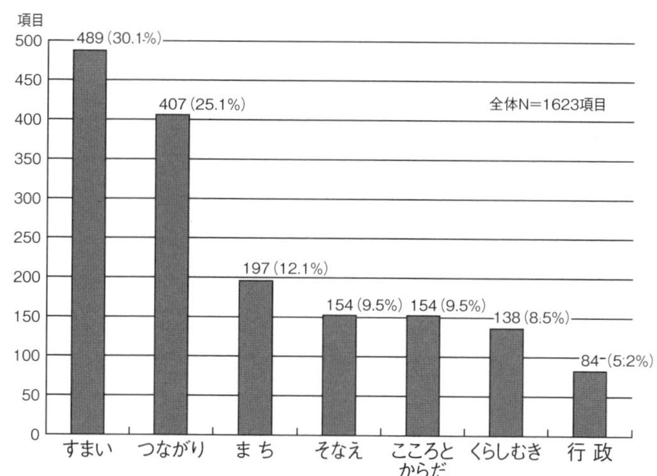

出典：田村・立木・林（2000）「地域安全学会論文集」より作成

図表14-4　神戸市草の根検証ワークショップからわかった生活再建７要素

属性，社会的地位，震災前からの社会における脆弱度によって支配され，同じものさしで測ることは難しい。そこで，人びとの行動や態度を決定する元となる「価値（basic values）」を測ることができれば，さまざまな人びとの態度や行動を測る際に説明力が高く，なおかつ応用力も高いものさしを持つことになるといえる。

参考文献

●田村圭子「ワークショップでつくる防災戦略」日経 BP，2015年12月
●木下　勇「多様な災害からの逃げ地図作成を通した世代間・地域間の連携促進」JST RISTEX「コミュニティがつなぐ安全・安心な都市・地域の創造，研究開発領域 報告書」https://www.jst.go.jp/ristex/examin/active/cr/anzenanshin.html
●岩崎　敬「安全リテラシー向上による持続的な地区防災計画の試み」災害対応研究会，2014年４月
●田村圭子・林　春男・立木茂雄・木村玲欧「阪神・淡路大震災からの生活再建７要素モデルの検証―2001年京大防災研復興調査報告―」地域安全学会論文集，No.3，pp.33-40，2001年11月
●林　春男（編）「神戸市震災復興総括・検証生活再建分野報告書」京都大学防災研究所巨大災害研究センター・テクニカルレポート，2000年

15 国難に立ち向かう

林 春男・奈良由美子

《本章の目標＆ポイント》 これまでの章では，安全・安心を実現する諸局面で，コミュニティおよびその中でのひととひととの助け合いが重要であり続けたこと，また，事前の備えがなければ，助けることも，助けられることも簡単ではないことを述べてきた。これを踏まえて本章では，次の国難災害に備えるという未来の課題について考える。災害を予測し，予防し，それでも発生するであろう被害を乗り越える力を私たち一人ひとりが身につけることの意義と可能性を展望する。
《キーワード》 次の国難災害，レジリエンス，予測力，予防力，対応力，南海トラフ地震，首都直下地震，レベル1の地震津波，レベル2の地震津波，生れ落ちるコミュニティ，選ぶコミュニティ

1．国難災害に立ち向かう

（1） 21世紀前半は大規模な災害の発生が確実視される

本書を総括するにあたってこの章で踏まえるべきは，21世紀前半には国難災害ともいえる大規模な災害の発生が確実視されていること，したがってそれを乗り越えるだけのレジリエンスを持たなければならないということである。

図表15-1は地震調査研究推進本部が2010年1月時点においてまとめた海溝型地震の長期評価の結果であり，今後30年にどこで，どのぐらいの規模の海溝型地震がどのぐらいの確率で起こるかを示している。東日本大震災が発生する1年2カ月前にあたるこの時点では，宮城県の沖合

の2つのセグメントでマグニチュード8クラスの地震（宮城県沖地震）が90%，99%の確率で起こることが示されている。その予想は2011年3月11日に現実のものとなった。しかもこの地震に連動して北隣のいわゆる三陸沖のセグメント，それから南隣の福島沖のセグメントでも地震が発生し，結果としてマグニチュード9.0という巨大地震となった。

地震には同じような場所で，同じような規模のものが周期的に繰り返

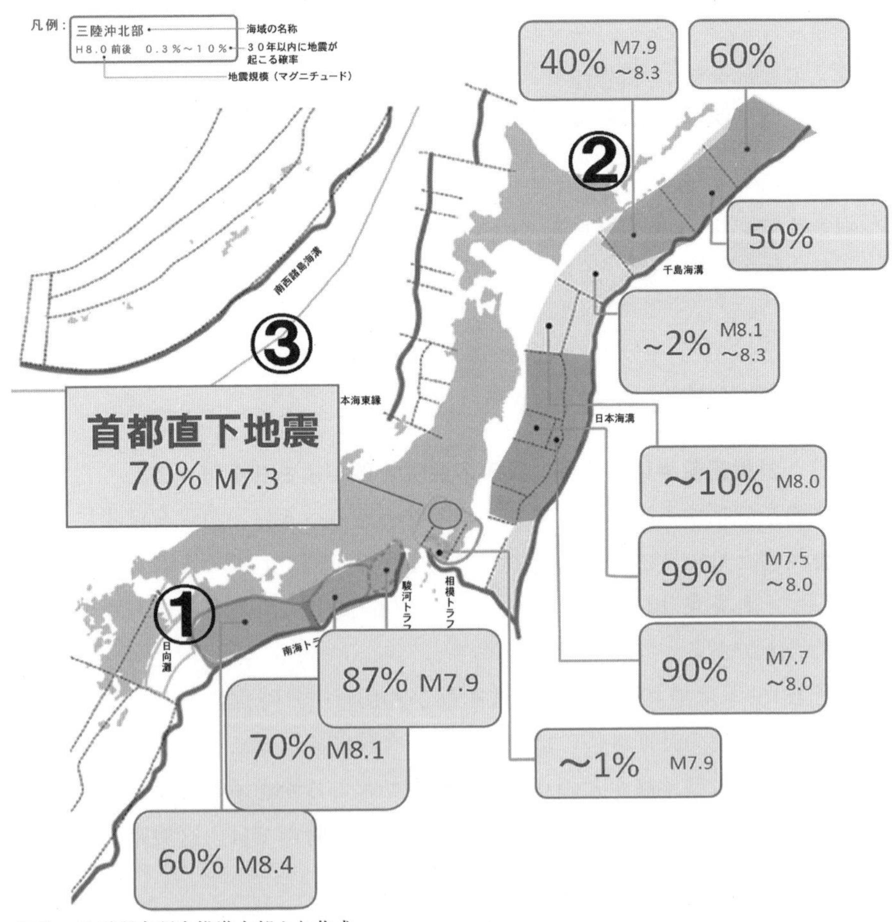

出典：地震調査研究推進本部より作成

図表15-1　地震予想図（2010年1月時点）

す特性があるとされている。2010年1月時点で確率がもっとも高かった東北太平洋側での地震が発生した後，西日本太平洋沖に発生確率が87%，70%，60%のセグメントがあり，この範域の地震が最も懸念されている。これが南海トラフ地震であり，近い将来の発生が確実視されている。

（2） 繰り返す南海トラフ地震

南海トラフ地震は図表15-2に示すように，684年から繰り返し，その発生が古文書に記録されてきている。古文書に記録がないものでも，他

図表15-2　歴史上の南海トラフ地震

- 天武地震（684）：紀伊水道沖地震：同時発生？
  - 南海　684/11/29（天武13年10月14日）M8.4
- ？地震（尾池和夫氏によれば790年ごろ）
- 仁和地震（887）：五畿七道大地震：同時発生？
  - 南海　887/8/26（仁和3年7月30日）M8.6
- ？地震（尾池和夫氏によれば1000年ごろ）
- 康和・永長地震（1096・1099）：
  - 東海　1096/12/1（永長元年11月24日）M8～8.5
  - 南海　1099/2/22（康和元年1月24日）M8～8.3
- ？地震（尾池和夫氏によれば1250年ごろ）
- 正平地震（1361）：同時発生
  - 南海　1361/8/3（正平16年6月24日）M8.5
- 明応地震（1498）：
  - 東海　1498/9/20（明応7年8月25日）M8.6
  - 南海　1498/7/9（宇佐美説）
- 慶長地震（1605）：同時発生
  - 東海　1605/2/3（慶長9年12月16日）M7.9
  - 南海　1605/2/3（慶長9年12月16日）M7.9
- 宝永地震（1707）
  - 東海　1707/10/28（宝永4年10月4日）M8.4
  - 南海　1707/10/28（宝永4年10月4日）M8.4
- 安政地震（1854）
  - 東海　1854/12/23（安政元年11月4日）M8.4
  - 南海　1854/12/24（安政元年11月5日）M8.4
- 昭和地震（1944・1946）
  - 東海　1944/12/7（昭和19年12月7日）M7.9
  - 南海　1946/12/21（昭和21年12月21日）M8.0
- X地震（2035～2040？）

出典：理科年表より作成

の資料と重ねあわせると，過去13世紀の間，毎世紀に起こってきている。つまり南海トラフ地震は約100年に１度の再現期間で発生しており，21世紀に発生することも確実であると考えられる。紀伊半島先端から東の部分が東海地震，西の部分が南海地震と呼ばれている。この２つの地震の発生にはこれまでの記録では，①同時に発生する，②数日から数カ月ずれて連続発生する，③数年ずれて連続発生する，という３つのパターンが観測されている。

南海トラフ地震の発生は，これまで大きな政治変化を引き起こしてきた。もともと災害には，その地域が持つ傾向を顕在化させるという特性がある。成長傾向にある地域は災害をきっかけにして成長が一層加速する。逆に衰退傾向の場合は急激に衰退する。

直近の過去４回の南海トラフ地震によってどのような政治変化が起こったかを振り返ってみよう。まず1605年の慶長地震は，1603年に江戸幕府が開かれた直後の地震である。江戸幕府が開かれたといっても豊臣氏から徳川氏へ権威・権力が即座に移行したわけではない。そうした状況の中で1605年２月３日南海トラフ地震が発生する。直後家康は江戸から伏見城に入るとともに，秀忠も16万人の軍勢を連れて上洛し，４月に２代将軍に就任している。地震による混乱を踏まえて豊臣氏に対する徳川氏の力を見せつけるこの動きは，徳川への権威・権力の移行の重要なきっかけと考えられている。

ペリーの来航をきっかけに日米和親条約が結ばれ，長い鎖国がおわった直後の1854年12月，安政の南海トラフ地震は，23日に東海地震，それから32時間後に南海地震として発生した。安政地震があった翌年には江戸直下の地震も起こり，大きな被害を与えた。開国による物価高もあいまって，頻発した地震に対する徳川幕府の対応能力の低さに，討幕運動は加速し，14年後に明治維新へとつながった。

昭和の南海トラフ地震は1944年に東南海地震，1946年に南海地震が発生し，この間に太平洋戦争が終結した。2つの地震の間に起きた1945年の三河地震により，中島飛行機半田製作所が壊され，飛行機が造れなくなり，継戦能力を失ったことが終戦へのきっかけとなった。言ってみれば，地震が大日本帝国から日本国へ変わる節目となった。

1707年の宝永地震の際には，一見目立った政治的な変化がなかったようにみえる。しかし，大きな政治的変化が徳川家の中で起きている。その始まりは1703年に起きた元禄江戸地震である。元禄時代は5代将軍綱吉の時代で江戸時代でもいちばん華やかな時代である。その4年後に宝永地震が起こり，富士山も噴火した。一連の災害を経て，江戸幕府の財政状況は急速に悪化した。そして，綱吉が1709年に死亡し，6代将軍家宣（1709－1712），7代将軍家継（1712－1716）と短い間に将軍が変わり，徳川宗家は断絶した。そのため，1716年に徳川吉宗が8代将軍として紀州から迎えられた。同じ徳川家ではあるが，紀州徳川家へ権力が移行した大政変なのである。

このような形で過去，少なくとも直近の4回の南海トラフ地震では，地震が起こるたびにその後10年余りの間に国のあり方を変えるような大きな政治的・経済的に変化が生じてきた。では，次の南海トラフ地震が発生したとき，わが国はどうなるのだろうか。衰退の一途をたどるのか，それとも震災を契機にイノベーションを遂げるのだろうか。

（3）　次の発生時期はいつか

次の南海トラフ地震がいつ発生するのかについて，現在の科学では厳密に断定することはできない。それでも，おおよその絞り込みを試みてみると以下のようになる。室戸半島の先端の室津という町で，過去南海地震が起こるたびに地盤が隆起している。地盤の隆起量は地震のマグニチュードとほぼ相当する。**図表15-3**は宝永地震，安政南海地震，昭和南海地震によって起きた地盤隆起量を示している。地震と地震の間には地盤変化がないと仮定すると，グラフは階段状になり，しかも階段の下の角が一直線に並んでいることがわかる。この法則性をもとに，次の南海地震の発生時期を予想すると，2035年ごろに発生すると考えられる。

地震調査研究推進本部は2001年から，地震発生を予測する表現方法として，今後30年間で何パーセントという確率表現を採用した。南海地震については，**図表15-4**に示す地震発生確率密度分布に基づいて，2001年時点で発生確率を40％と評価した。図の棒グラフの左から3本の面積を全体の面積で割った値である。それから20年近くの時間経過を経た2019年時点での発生確率はおよそ70～80％まで高まっている（**図表15-4**右）。しかしこの20年間，いつごろ地震が発生しやすいかを示す地震発生確率密度分布は何ら変化していない。たんに予想される時期が着実

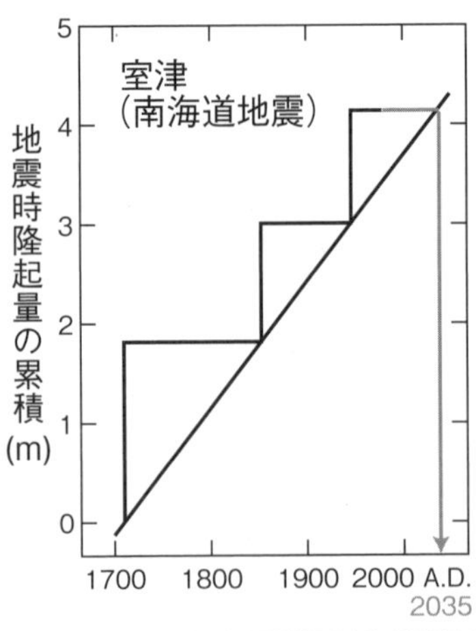

出典：K. Shimazaki & T. Nakata, 1980, GEOPHYSICAL RESEARCH LETTERS, VOL. 7, NO. 4, PAGES 279-282. より作成

図表15-3　南海トラフ地震：次の発生時期を予測する

に迫っているだけである。グラフから2020年から2040年までに南海トラフ地震が発生する可能性がもっとも高まる。言い換えれば，2020年からは南海トラフ地震発生の警鐘期に入ることとなる。

また，南海トラフ地震の発生前に関西地方を中心に内陸で直下地震の発生頻度が高まることもわかっている（図表15-５）。上の図には昭和の南海地震が起こる直前の40年間と，下の図には起こった後の40年間にそれぞれ発生した内陸地震を比較したものである。２つの時期では頻度がまったく異なり，南海地震発生前に内陸地震の発生が活発化している。1995年の阪神・淡路大震災を引き起こしたきっかけとなる兵庫県南部地震が，21世紀の南海トラフ地震前の活動期の出発点ではないかといわれている。それ以降，2000年の鳥取県西部地震，2001年の芸予地震，2004年の新潟県中越地震，2005年の福岡県西方沖地震，2007年の能登半島地震，2007年の新潟県中越沖地震，2016年熊本地震と，西日本を中心に内陸の地震活動が活発になっている。

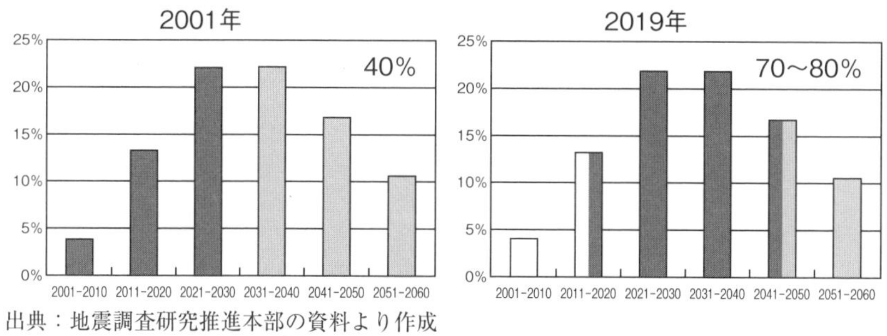

出典：地震調査研究推進本部の資料より作成

図表15-４　南海地震の発生確率

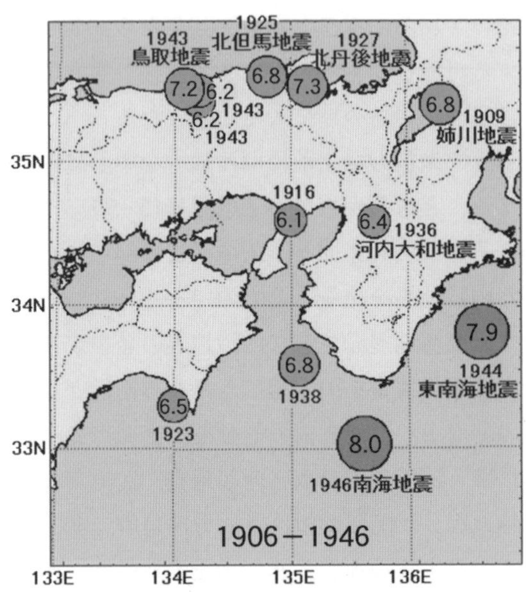

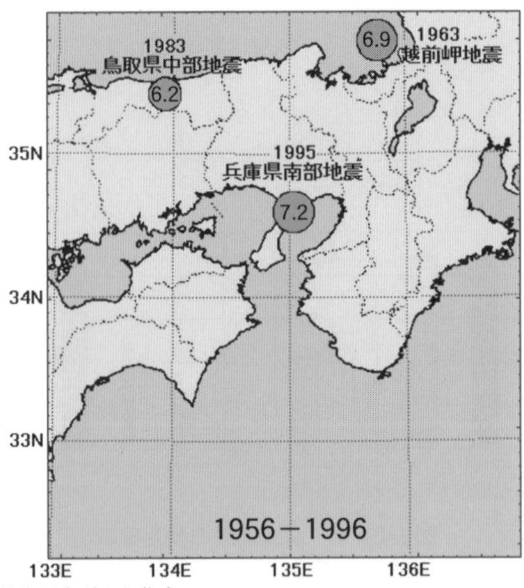

出典：防災科学技術研究所より作成

図表15-5　南海トラフ地震前に内陸地震が増加する傾向がある

(4)　どのような被害が発生するのか

南海トラフ地震の発生によってどのような被害が生じるかについて以下に述べる。内閣府は2003年に南海トラフ地震の被害想定を行っている。その時は既往最大のマグニチュード8.7の地震を想定し，それによる死者数は2万4,000人，被害額は81兆円となると想定した。いわゆるL1の想定である。その後マグニチュード9.0の東日本大震災の発生を受けて，南海トラフ地震においても9.0の地震が発生すると考えたL2の想定を行い，最大で死者数は32万人，被害額は220兆円にのぼる被害を予想している。2011年東日本大震災や2016年熊本地震による被害の規模と比較すると，予想される南海トラフ地震の被害がいかに大きいかがわかる（図表15-6）。

図表15-7に示すように，341万人が住むL1地域は毎世紀南海トラフ地震で大きな被害が出る可能性がある地域である。この地域では，「災害に強いまちづくり」を行うことが長期にわたって持続可能な発展を続けるためには不可欠である。むしろ次の南海トラフ地震津波災害を契機としてたんなる復旧ではなく，抜本的に土地利用・構造物のあり方を改める機会と考えることが必要となる。

図表15-6　内閣府の被害想定が予想する南海トラフ地震の被害

	熊本地震	南海トラフ地震		東日本大震災
		L1	L2	
死　者	50人	約2.4万人	約32.3万人	18,456人
避難者	18.4万人	約720万人	約950万人	47万人
建物全壊・焼失	約0.9万棟	約96万棟	約239万棟	約11万棟
経済被害	4.6兆円	約81.0兆円	約220.3兆円	16.9兆円

出典：内閣府2003年および2012年より作成

L2地域はさらに597万人が加わり，震源域での暴露人口は総計で938万人，日本の総人口の約１割となる。この地域は南海トラフ地震としてはこれまで経験したことがない最大規模の地震が起きた場合に被害が出る地域である。そのため南海トラフ地震を過度に恐れないこと，適切な避難対策と非構造的な予防対策を中心にして人的被害の発生をできるだけ減らす方策をとることが求められる。

そしてどちらのシナリオでも震源域に入らない地域は，南海トラフ地震への災害対応を応援する地域となり，日本の人口の９割がそこに住む。この地域の人たちは自らの事業継続能力を高めること，また組織だった被災地支援が効果的にできる体制を整備することが大切である。

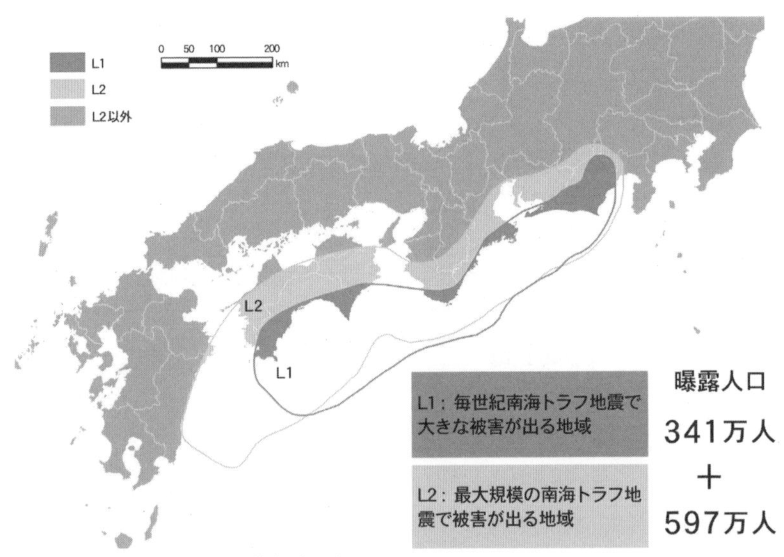

出典：内閣府の推定をもとに筆者重ね合わせ

図表15-７　既往最大（L1）および最大級（L2）の南海トラフ地震の震源域

2. 我われは何をすべきか

これまでの議論を時間軸で整理したものが図表15-8である。2035年前後に国難というべき規模の災害の発生が予想されている。それ以前にも西日本で直下型の地震の頻発が予想される。しかし国難災害の発生はその後の長い復旧・復興過程の始まりに過ぎず，わが国はその後の長い苦境に耐えて行かなければならない。この間気候変動による気象の極端化の影響が発災前の努力，発災後の努力を無にする危険性もある。

こうした状況の中でわたしたちがすべきことは，時間的にも経済的にも制約があるなかで，少しでも予想される被害を減らすこと，重要な社会機能については事業継続能力を高めること，そして全体として速やかな復旧・復興を可能にする備えを充実させることである。これらの総合力を伸ばすことがレジリエンスである。

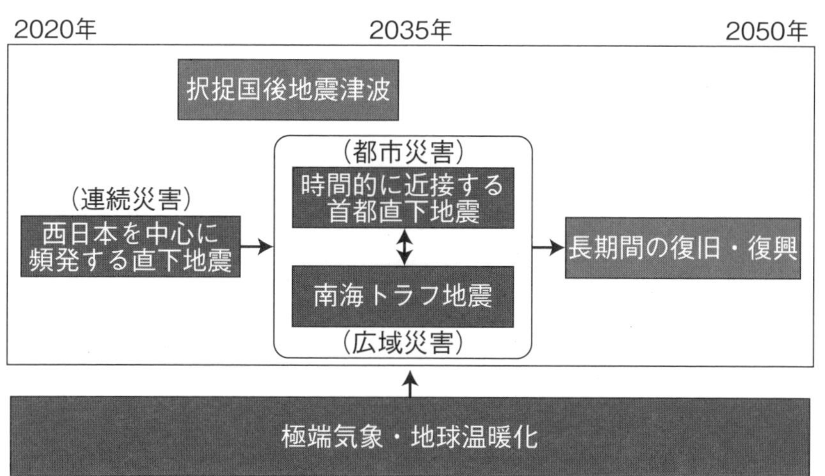

出典：筆者作成

図表15-8　21世紀前半にわが国に何が起きるか

わが国は有史上初めて人口減少局面を経験し，経済的にも衰退傾向にある。予想される国難災害がその傾向をさらに顕在化させるとすれば，1755年のリスボン地震を契機としたポルトガルのように，わが国の未来は厳しいかもしれない。予想される厳しい苦境を，どのように乗り越えていくべきかが問われる。これまでのような生活を延長することは難しいかもしれない。国難災害を乗り越えるためには，災害がもたらす結果を冷静に受け入れて，新たに生まれた現実に適応できる信念体系を構築できる能力をつくらなければならないことをポジティブサイコロジーが教えてくれる。

同時に残された時間を使って，できるだけ災害を軽減する対策と重要な社会機能を維持する対策に対して大胆に投資しなければならない。このような取り組みを，個人，家庭，近隣，組織・団体，市町村，国家といった各レベルで実践していくことが求められよう。

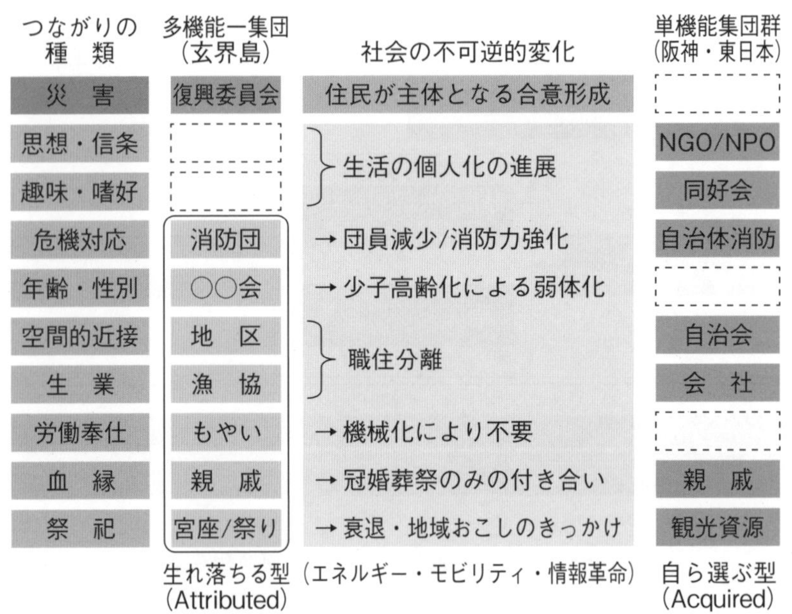

出典：JST/RISTEX「災害マネジメントに活かす島しょのコミュニティレジリエンスの知の創造」研究開発実施終了報告書図5より作成

図表15-9　社会の不可逆的変化によるコミュニティの変容

科学技術振興機構（JST）社会技術研究開発センター（RISTEX）が実施した「コミュニティがつなぐ安全・安心な都市・地域の創造」プロジェクトで訪れた玄界島では，狩猟採集・農耕社会でのコミュニティの姿を色濃く残しており，さまざまな機能がみな同じ人たちで担われていたことが改めて明らかになった（図表15-9）。その結果，災害のような突発的な苦境に接しても，それを乗り越えるための組織づくりがすみやかに実現している。

その後の産業社会・情報社会では，社会の不可逆的変化によって個人の活動の自由度が飛躍的に高まり，すべてのことを1つのグループで行う形式から，いろいろな機能が単機能化されて，いろいろなところで分かち持たれる形式に変化している。機能の一部はなくなったものもあり，新しく追加された機能もある。こうした社会変化を踏まえて，すべての機能を担う1つの集団に生まれ落ちるのではなく，自分にとって必要な機能を持つさまざまな集団を組み合わせていく選択型のライフスタイルが強く求められるようになってきた。こうした社会の変化を踏まえて，南海トラフ地震を乗り越えるために，単なる防災対策の充実だけでなく，どのような社会基盤を選択するか，どのように自らの生活基盤を確立するか，どのように健康を保ち人間関係を豊かにするかのプログラムを一人ひとりが主体的に今から構築していくことがこれからの課題である。

参考文献

●林　春男『いのちを守る地震防災学』岩波書店，2003年

索　引

●配列は五十音順，＊は人名を示す。

●さ　行

●た 行

●な 行

●は 行

●ま　行

●や　行

●ら　行

●わ　行

●欧　文

分担執筆者紹介

（執筆の章順）

天野　肇（あまの・はじめ）

・執筆章→第２・３・４章

1982年　東京大学大学院工学系研究科精密機械工学専門課程修了
同年　トヨタ自動車工業株式会社入社（現トヨタ自動車株式会社）
工業用ロボット，物流システム，交通システムの開発・実用化，高度交通システムの産官学連携などに従事
2009年　特定非営利活動法人ITS Japan専務理事，現在に至る
2014年　東京大学生産技術研究所客員教授
専攻　精密機械工学・車両工学

奈良由美子（なら・ゆみこ）

・執筆章→第５・11・15章

1996年　奈良女子大学大学院人間文化研究科修了
現在　（株）住友銀行，大阪教育大学助教授等を経て，放送大学教授博士（学術）
専攻　リスクマネジメント学・リスクコミュニケーション
主な著書　『リスクコミュニケーションの現在―ポスト3.11のガバナンス』（共著　放送大学教育振興会，2018年）
『レジリエンスの諸相―人類史視点からの挑戦』（共著　放送大学教育振興会，2018年）
『改訂版 生活リスクマネジメント―安全・安心を実現する主体として』（放送大学教育振興会，2017年）
『情報生活のリテラシー』（共著　朝倉書店，2002年）
『生活と環境の人間学―生活・環境知を考える』（共著　昭和堂，2000年）
Community in the Digital Age: Philosophy and Practice（共著　Rowman & Littlefield，2004年）
Social Anxiety: Symptoms, Causes, and Techniques（共著　Nova Science Publisher，2010年）

野口　和彦（のぐち・かずひこ）

・執筆章→第6・8・12章

1978年　東京大学工学部航空学科卒，株式会社三菱総合研究所入社
2005年　研究理事に就任
2009年　博士（工学）取得
2011年　横浜国立大学客員教授に就任
2014年　横浜国立大学大学院環境情報研究院教授に就任
2015年　リスク共生社会創造センターセンター長兼任，現在に至る
専攻　安全工学・科学技術政策・リスクマネジメント
主な著書　『JSQC選書リスクマネジメント』（単著　日本規格協会，2009年）
『ISO31000：2018リスクマネジメント解説と適用ガイド』（共著　日本規格協会，2019年）
『リスクマネジメントの実践ガイド』（共著　日本規格協会，2010年）
『ニューテクノロジーの基本』（単著　日本経済新聞社，2005年）
『リスク三十六景』（単著　日本規格協会，2015年）
『安全工学便覧』（分担執筆　コロナ社，2019年）
『リスク共生学』（分担執筆　九善，2019年）

田村　圭子（たむら・けいこ）

・執筆章→第7・13・14章

2004年　京都大学大学院情報学研究科博士後期課程単位取得後，京都大学防災研究所研究員，
2005年　博士（情報学）取得（京都大学）
2006年　新潟大学災害復興科学センター特任准教授を経て現職
現在　新潟大学危機管理本部危機管理室教授，新潟大学災害・復興科学研究所（兼務）教授
専攻　危機管理・災害福祉
主な著書　『ワークショップでつくる防災戦略』（編著　日経BP社，2015年）
『組織の危機管理入門―リスクにどう立ち向えばいいのか（京大人気講義シリーズ）』（分担執筆　丸善，2007年）
『12歳からの被災者学―阪神・淡路大震災に学ぶ78の知恵』（分担執筆　NHK出版，2005年）

編著者紹介

林　春男（はやし・はるお）

・執筆章→第１～15章
（１・９・10章のみ単著）

1983年　カリフォルニア大学ロスアンジェルス校修了
1983年　弘前大学人文学部講師
1985年　同助教授
1988年　広島大学総合科学部助教授
1994年　京都大学防災研究所地域防災システム研究センター助教授
1996年　京都大学防災研究所巨大災害研究センター教授
2015年　国立研究開発法人防災科学技術研究所理事長
専攻　社会心理学・危機管理
主な著書　『しなやかな社会の挑戦』（編著　日経 BP コンサルティング，2016年）
『Japan: The Precarious Future』（共著　New York University Press，2015年）
『しなやかな社会への試練』（編著　日経 BP コンサルティング，2012年）
『災害のあと始末』（単著　エクスナレッジ，2011年）
『しなやかな社会の創造』（編著　日経 BP コンサルティング，2009年）
『防災の決め手「災害エスノグラフィー」』（共著　NHK 出版，2009年）
『いのちを守る地震防災学』（単著　岩波書店，2003年）
『率先市民主義』（単著　晃洋書房，2001年）

放送大学教材　1519220-1-2011（テレビ）

コミュニティがつなぐ安全・安心

発　行　　2020年３月20日　第１刷
編著者　　林　春男
発行所　　一般財団法人　放送大学教育振興会
〒105-0001　東京都港区虎ノ門1-14-1　郵政福祉琴平ビル
電話　03（3502）2750

市販用は放送大学教材と同じ内容です。定価はカバーに表示してあります。
落丁本・乱丁本はお取り替えいたします。

Printed in Japan　ISBN978-4-595-32193-1　C1336